SÓ PARA *mulheres*

Clarice Lispector

só para *mulheres*

CONSELHOS, RECEITAS E SEGREDOS

ORGANIZAÇÃO APARECIDA MARIA NUNES

Quién the Abriste

Um Clássico

EIS PARA VOCÊ, MARGAR-
DA, O MODELO "MAIS PAR-
O CLÁSSICO", MEIO IND-
PENDENTE DA MODA, E SEM-
PRE NO TERRENO DO
"DISTINTO"

Conselhos

Aparência: tudo tem jeito

Você é "moralmente" tão antiquada a ponto de considerar vaidade feminina uma frivolidade? Você já devia saber que as mulheres querem se sentir bonitas para se sentirem amadas. E querer sentir-se amada não é frivolidade.

Se você pensa que "nasceu" assim, e não tem jeito, fique certa de que está é desistindo de alguma coisa muito importante: de sua própria capacidade de atrair. Quer saber de uma coisa? Obesidade tem jeito. Cabelos sem vida têm jeito. Rosto sem graça tem jeito. Tudo tem jeito.

O remédio? O remédio é não ser uma desanimada triste. E o outro remédio é ter como objetivo ser um "você mesma" mais atraente – e não o de atingir um tipo de beleza que nunca poderia ser seu.

Para não "bobear"

Quando você era criança nunca leu a história de uma princesa linda, linda, mas – por maldição de fada ruim – que não abria a boca sem que desta lhe saíssem sapos, lagartos e ratinhos? Pois o modo moderno de saírem "cobras e lagartos" da boca linda de uma jovem é o de dizer muita bobagem com os lábios perfeitamente maquiados. Só que isso não acontece por maldição de fada ruim, e sim por ignorância, por falta de instrução. Uma dessas "princesas" modernas, ouvindo uma conversa sobre Hemingway, perguntou: "Qual é o último filme em que ele trabalhou?"

Ler é um hábito que todo mundo devia ter. Não se quer dizer com isso que todos leiam "coisas difíceis". Mesmo uma revista bem informada – e bem lida – pode ser uma fonte de culturazinha que pelo menos evita "cobras e lagartos".

Pode-se amar sem admirar?

Pode-se dar amor natural, comum. Pode-se ter pena da pessoa ou ser fisicamente atraída por ela, e enganar-se pensando que essa reação é amor. Mas para que o amor real exista é preciso que você admire alguma coisa nele ou nela. Theodore Reik acha que o "amor só é possível quando você atribui um valor mais alto à pessoa do que a você, quando você vê nela ou nele uma personalidade que, pelo menos em algum sentido, é superior à sua".

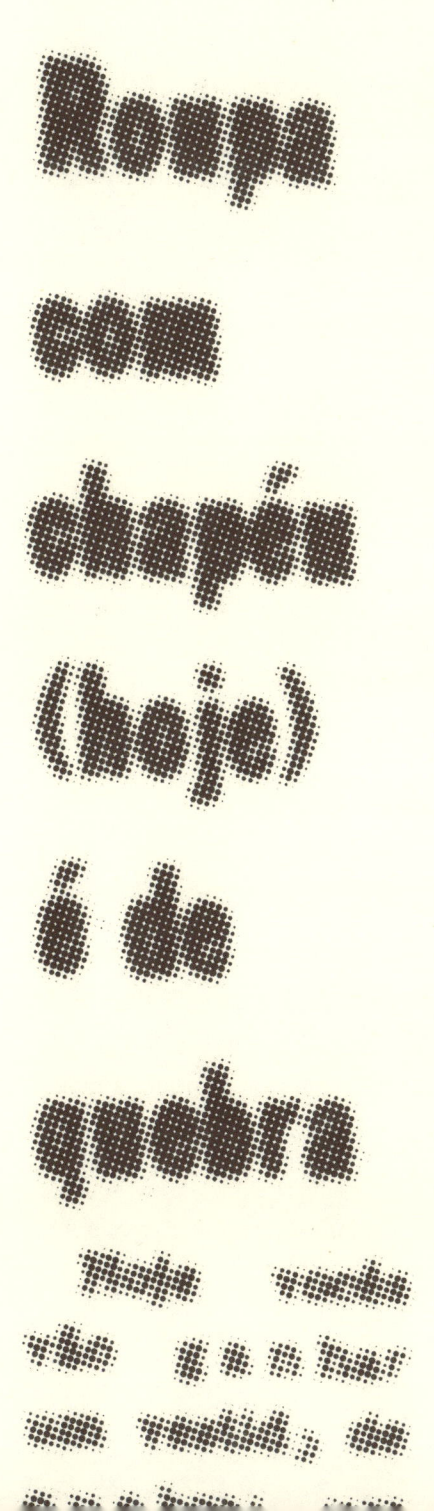

Fotografamos para você
A excêntrica

A vida não é cinema – e é muito difícil "usar" a excentricidade. A excentricidade é um desejo desesperado de agradar. O instinto das mulheres lhes informa "até onde podem ir" no desejo de agradar. Você já reparou o esforço enorme que a excentricidade exige de uma mulher? Quase um esforço físico de manter algo antinatural. No fim de algumas horas, vê-se no rosto da excêntrica o seu enorme cansaço, a sua vontade de voltar para casa...

O que é excentricidade? De um modo geral, o exagero. Homens gostam de perfume? A excêntrica banha-se em perfumes... Decote é bonito? Ela então se desnuda. Entrar com segurança numa sala é elegante? então vamos fazer uma entrada teatral. A naturalidade é agradável? então vamos "fingir" naturalidade confundindo-a com vulgaridade. Homens gostam de "companheirismo"? então vamos beber como um homem, dizer palavrões, e mostrar que estamos acima dessa coisa ridícula que é mulher educada. A excentricidade é um esforço que termina em tristeza.

Hora e tempo para tudo

Por que existem mulheres que nunca se lembram de olhar o relógio quando vão sair? Por isso, é normal vê-las, logo de manhã cedo, indo para os escritórios, já carregadas de pinturas e joias e perfumes, ostentando vistosas toaletes. Não sentem o ridículo em que estão caindo. Outras, exagerando o que pretendem ser a sua "simplicidade", apresentam-se em qualquer lugar, em horários noturnos, às vezes até mesmo em reuniões em casas particulares, de sandálias, de saias e blusas esportivas, quando não de slacks e penteados os menos indicados.

Uma mulher elegante não faz isso. Para esta, local e hora são fatores importantes para a tarefa de "vestir-se bem" e "apresentar-se bem". Tão importante quanto a própria idade, com relação às modas, à maquiagem e aos penteados.

Se você não quer ser objeto de críticas irônicas, de risotas, antes de iniciar sua toalete, antes de escolher o penteado e o vestido que vai usar, atente primeiro para si mesma: "que idade aparento"? Depois, para o seu tipo: "Não estarei um pouco gorda (ou magra) para usar isto?" Depois para o relógio. Tudo isso, é claro, depois de ter decidido se o lugar aonde vai exige uma roupa esportiva ou um traje de cerimônia.

Quem muito agrada, desagrada

Nunca ouvi esse provérbio, acho que inventei agora mesmo. Mas você vai ver se esse provérbio, inventado ou não, não se aplica a pessoas que você conhece: Às que querem agradar a todo o preço. Então tornam-se "encantadoras". Procuram adivinhar os mínimos desejos dos outros. Procuram elogiar de qualquer modo. Começam também a mostrar que fazem sacrifícios a cada momento. Esse tipo encantador pesa na alma dos outros. Em uma palavra: desagrada.

Se a pessoa consegue ser e ficar à vontade, ela deixa os outros serem e ficarem à vontade.

Os espelhos da alma...

Desde remota Antiguidade, os olhos vêm servindo de tema para poemas, ensaios, provérbios, lendas etc. Os de Cleópatra (que os maquiava muito à maneira das modernas elegantes) eram tão célebres quanto o seu nariz e devem ter desempenhado também papel importante na mudança dos destinos da humanidade.

A moda atual – insensata sob tantos aspectos – pelo menos com relação aos olhos, demonstra haver compreendido a importância deles para fazer sobressair a beleza de um rosto. Com efeito, nunca houve tanto requinte na maquilagem dos olhos como agora. O seu formato é sublinhado e alongado por traços de lápis; o rímel, que até bem pouco tempo se limitava ao preto e ao marrom, hoje, pode ser encontrado nos mais variados matizes de verde, azul, violeta ou cinza; e um mostruário de "sombra" para as pálpebras faz lembrar uma paleta de pintor abstracionista.

Mas não é só. Recentemente, em Paris, foram lançadas "sombras" de ouro e de prata para a noite. E Josephine Baker, a famosa cançonetista e dançarina café au lait, inaugurou a moda de colar sobre cada pálpebra uma pequenina pedra preciosa. Desta forma, qualquer uma que queira dar-se a esse trabalho (quase de ourives), poderá exibir um olhar cintilante...

Quanto aos cílios postiços, outrora só usados por atrizes no palco ou na tela, o seu uso está espalhando-se cada vez mais, até para as horas do dia.

Para os olhos serem belos, não basta, porém, que sejam grandes, de um colorido especial ou maquilados com requinte. É preciso que neles haja algo mais. Pois, sendo "os espelhos da alma", devem refletir doçura, compreensão, inteligência.

Em resumo, mais importante do que os olhos é – o olhar.

Conselhos de minha vizinha

O guarda-chuva-sombrinha

Nossas avós consideravam a sombrinha um elemento de coqueteria. Além disso, ninguém queria macular com o sol uma pele radiosamente branca. Hoje preferimos o bronzeamento no verão – mas bem que podemos usar a graça de um guarda-chuva que é enfeitado, estampado e alegre como uma sombrinha. Sobretudo porque as chuvas de verão são chuvas alegres...

Quem não tem rosto

Há mulheres de quem poderíamos dizer: não têm rosto. Na verdade, de tal modo a fisionomia está "submersa", com traços indecisos e cores desbotadas, que lembra um quadro apenas esboçado e nunca terminado.

Acorde um rosto apagado

Você saberia "criar", sobre um rosto apagado, o seu verdadeiro rosto? Acordar a expressão? Sublinhar os traços? Pôr sal e graça numa fisionomia adormecida?

Você sabe, por exemplo, acender num olhar amortecido, uma leve chama de vivacidade?

Suponhamos que você seja alourada – ou, apesar de castanha, tenha aqueles olhos meio apagados que às vezes se veem em louras. Não é necessário carregar na maquiagem. Primeiro trabalho: sombreamento, destinado a definir, acentuar e sublinhar (sem sobrecarregar) a forma da pálpebra. Depois: com tracinhos de lápis apropriado sublinhe a linha dos cílios superiores, e acentue a linha inferior, a partir do centro da pálpebra em direção ao canto externo do olho. E, para finalizar, rímel nos cílios e lápis nas sobrancelhas (para igualá-las e acentuar-lhes a forma).

Quem é que você deve imitar?

A questão toda está aí: você deve imitar você mesma. O que quer dizer: seu trabalho é o de descobrir no próprio rosto a mulher que você seria se fosse mais atraente, mais pessoal, mais inconfundível. Quando você "cria" seu rosto, tendo como base você mesma, sua alegria é de descoberta, de desabrochamento.

Ocupar-se

Se está lhe sobrando tempo demais, a ponto de você conhecer uma das piores coisas da vida – o tédio – pense nessas possibilidades de ocupação:

— Explorar as aptidões com que você nasceu ou aquelas que você adquiriu e que poderiam se desenvolver.

— Fazer de algumas de suas aptidões um meio de trabalho regular, remunerado.

— Aplicar sua bondade em servir a tantos que dela precisam.

— Em vez de comprar todas as coisas de que você ou sua família precisam – fazê-las você mesma.

A casa própria aumenta a felicidade?

Uma casa de sua propriedade, onde se pode fazer melhoramentos e modificar à vontade, é o sonho de toda mulher. Com raras exceções, uma esposa preferirá uma casa própria a um automóvel. Um lar – sendo a casa sua – aumenta a sensação de segurança de uma esposa e dá ao homem uma satisfação muito parecida com a do dever cumprido perante sua família. Saber que os seus terão um teto, dado por ele à custa do suor e sofrimento, contribui para cimentar o caráter já formado de um homem. Estreita os laços e, naturalmente, muito contribuirá para a felicidade completa de um casal. Dizemos contribuirá, porque uma casa simplesmente não dá felicidade a ninguém, mas ajuda a achar ou cimentar a felicidade existente.

Andam muito acertados os casais que fazem sacrifícios enormes para adquirir sua casa, pois na luta em comum e nas privações dos pequenos prazeres e alegrias, eles se encontram, amadurecidos para a vida e com mais disposição para se compreenderem melhor.

A corrida para "pegar a hora"

A pontualidade é um hábito que repousa. Se você estiver sempre correndo para alcançar a hora, estará em contínuo estado de tensão.

Saber que você está "a tempo" dar-lhe-á uma sensação de calma e segurança. Mas veja o que lhe acontece quando subitamente você olha para o relógio e descobre que vai chegar muito atrasada: o pequeníssimo choque faz com que você retese os músculos.

Quem está sempre atrasada, paga, sem saber, um preço: uma constante, mesmo que leve, insatisfação consigo própria.

Sem falar na exaustão quem vem de tanto correr "para tirar o pai da forca". E sem falar no ar afobado – e desagradável para os outros.

E tudo isso porque alguns minutos não lhe pareceram importantes – e subitamente lhe pareceram importantíssimos...

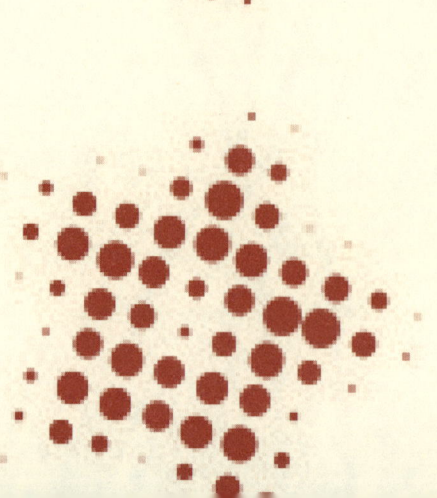

Os primeiros medos

Os primeiros medos de seu filho são muito respeitáveis... Para você entendê-los basta lembrar-se de como o mundo deve parecer hostil e ameaçador a quem está por assim dizer nascendo. Em vez de ter que "se encher de paciência", você automaticamente se encherá de amor quando se lembrar de que você é o símbolo de proteção e agasalho para esse menino que não entende que hão de sentá-lo numa cadeira que roda, deixar um homem que ele não conhece aproximar-se com tesoura e máquinas barulhentas e cortar-lhe cabelos que não o incomodam...

O ouro volta a ser padrão

Nos bons tempos em que o padrão era ouro, o dourado, como acessório de elegância feminina, restringia-se às grandes ocasiões, as toaletes de gala, a sapatos preciosos e tecidos suntuosos. Mas os tempos mudaram e, com eles, por assim dizer, a época áurea do ouro que, perdendo o seu prestígio de padrão, passou a ter utilidade apenas para joalheiros e dentistas...

Assim, esse precioso metal pouco a pouco foi-se democratizando e começou a invadir terrenos em que outrora jamais se cogitaria encontrá-lo. O fenômeno repercutiu sobretudo na moda feminina. Ninguém, hoje em dia, se espanta mais com sandálias esporte douradas, maiôs de lamê, tecidos de algodão entremeados de fios de ouro etc.

A invasão processou-se também no campo dos cosméticos: unhas douradas, pálpebras que lembram montagens em ouro para as pedras preciosas dos olhos... cabelos salpicados de uma poeira dourada – e até os lábios podem tornar-se de ouro!

Mas cuidado! O exagero é tão pernicioso como a mediocridade. Uma mulher para ser elegante, não precisa tornar-se excêntrica. Um ou dois detalhes vistosos numa toalete podem dar originalidade ao conjunto, mas quando há excesso, surge o perigo do ridículo. As mulheres que se cobrem de ouro, em vez de ofuscantes, podem assumir apenas um aspecto vulgar – que é a antítese da elegância...

No campo dos acessórios, como o ouro, com o seu brilho, é a mais positiva de todas as "cores", pode facilmente tornar-se berrante. E há outra circunstância a levar em conta: são muitas as tonalidades do ouro, e raramente se casam umas com as outras.

Nem tudo o que brilha é ouro – nem tampouco elegância...

Estar na moda requer dinheiro?

Com dinheiro é melhor, nem tem dúvida. Mas, felizmente, há mais mulheres elegantes que mulheres ricas. E cada vez mais, pois os costureiros de hoje não podem se dar ao luxo de criar e vender apenas para um grupo limitado. Os "achados" dos desenhistas saem depressa dos grandes salões e caminham com as moças pelas ruas.

O que marca uma moda são sobretudo os acessórios, os detalhes que põem uma "data" num vestido. Observe duas moças vestidas com os mesmos conjuntos, e ambas encantadoras. Uma está na moda, a outra não. Por quê? Porque a primeira soube dar um laço na echarpe, pregar um broche no lugar certo, usar um colar que no ano passado não existia. Estar na moda é saber sublinhar a própria personalidade marcando-a com a data de hoje.

Para a mulher que trabalha

A boa aparência é uma das coisas importantes para a mulher que trabalha. Por isso, não deixe faltar em sua bolsa um estojo de pó compacto para retocar a maquiagem. Existem estojos de diversos tipos e de diversos preços, o trabalho sendo apenas de escolher o que apresentar maior variedade de tons. O pó compacto conserva a maquiagem por horas e horas. O batom, o pente e um pequeno frasco de perfume também são acessórios indispensáveis na bolsa da mulher que trabalha fora. Se o cuidado com a própria aparência é obrigatório em qualquer mulher, numa funcionária zelosa ainda o é mais. Sua presença no escritório deve ser motivo de orgulho para seu chefe e prazer para seus colegas. E uma aparência desleixada é desagradável para todos. Se você trabalha fora, minha amiga, não se esqueça de que tem de enfrentar, diariamente, a concorrência das colegas e a crítica dos estranhos, e deve estar preparada para enfrentá-las. Mesmo enquanto toma o seu banho diário, espalhe sobre todo o rosto um bom creme especial para pele seca, a fim de evitar que o uso constante de cosmético resseque e provoque pequenas rugas precoces em seu rosto, comprometendo a sua beleza. Retire o creme com um lenço de papel antes de fazer o seu make-up.

O interior de sua bolsa

Você já viu – ou já aconteceu a você mesma – uma jovem elegante que, ao abrir a bolsa, faz um gesto de cuidado para ninguém ver o que se passa por dentro? Parece um gesto misterioso, de quem guarda coisas preciosas e secretas. No entanto a explicação é quase sempre simples: a bolsa está tão mal-arrumada que a jovem tem vergonha.

Na bolsa bem-arrumada não há poeira, nem pó de arroz espalhado, nem fumo de cigarro. O que pôr na bolsa? Entre as pequenas utilidades que uma mulher prevenida sempre carrega: estojo de pó, batom, lenço de tecido, lenço de papel, pente, espelho, perfume. E – não esquecer – um pequeno comprimido para aliviar alguma súbita dor de cabeça, algum mal-estar – esses pequenos males que muitas vezes estragam todo o prazer de um passeio ou de uma festa.

As meias em apogeu

Sempre que as saias se tornam mais curtas, as meias – muito logicamente – adquirem uma renovada importância no conjunto da toalete feminina. Durante a última Grande Guerra, por exemplo, quando as saias andavam tão curtas como agora e as restrições tornavam escassas as meias, as mulheres, inspirando-se em hábitos da Antiguidade, lançaram mão da pintura para dar a impressão de que suas pernas estavam recobertas com finas meias de seda. O sistema, porém, tinha seus senões: as "meias" frequentemente passavam para a barra da saia ou, com a chuva, desapareciam, deixando as pernas nuas...

Atualmente, a meia está numa de suas épocas de apogeu. Tanto as meias de lã, para roupas esportivas, como as de náilon, são admissíveis em praticamente todas as cores, das mais delicadas às mais vistosas. E, há pouco tempo, a famosa Maison Dior, de Paris, lançou as *sparkling*, isto é, mais cintilantes, que fazem luzir as pernas como se houvessem recebido um banho de ouro e prata. O tipo *sparkling* é, aliás, obtido por um truque de fabricação bastante simples: o fio de náilon, em vez de redondo, como nas meias comuns, é triangular, e as suas facetas refletem a luz que o torna cintilante...

Outro tipo de meia, que Paris lançou e que Nova York já adotou para este verão, é o *mitaine*, especial para sandálias abertas na frente. Essas meias, à semelhança das luvas de nossas bisavós, vão só até a altura dos dedos, deixando-os livres.

As meias com aplicações de renda, bordadas ou salpicadas de strass, começam também a surgir, ou melhor, ressurgir, nas novas coleções, de vestidos de baile curtos.

Portanto, se você quer andar (literalmente) na moda, passe a dar mais atenção às meias e não tenha receio de escolhê-las em cores originais, combinando ou contrastando com sua toalete.

Uma última advertência, nada mais de meias com costuras. Essas, no momento, estão no ostracismo...

Conselhos esquisitos

Podem ser esquisitos mas dão certo... Imagine que é perfeitamente possível engomar anáguas aproveitando... a água em que foi cozido o macarrão. Também dá certo usar o mesmo líquido em tecidos mais leves: basta acrescentar mais água.

Outra coisa bem esquisitinha é o modo de limpar faca enferrujada: basta fincá-la... numa cebola, lavando-a em seguida com sapóleo.

E se você nunca pensou nisso, vai estranhar: fubá de milho tira mancha de mofo. Ferva a roupa mofada num pouco d'água com duas colheres de fubá, e deixe quarar um pouco.

No domínio ainda do estranho: esfregue as mãos manchadas de cera com sal de cozinha e sabão.

Separação

A distância arrefece o amor? – Há um ditado que diz: "O que os olhos não veem, o coração não deseja." A distância muitas vezes ajuda a esquecer o ente amado, ou a trocá-lo por outro amor, que tem o sabor da novidade.

Quando se trata, porém, de distância forçada, a separação só faz aumentar o amor, transformando um romance banal num idílio inesquecível e eterno. Quando os pais fazem oposição, de um lado ou de outro, ou dos dois lados, então as coisas assumem proporções catastróficas. Para confirmar o que dizemos, basta passar os olhos pelos jornais e revistas e ver os casos amorosos que não tiveram o beneplácito dos pais. Imediatamente, os amantes se empenharam em casar, custasse o que custasse.

Quando os pais não quiserem que sua filha ou filho se case com seu namorado, ou namorada, procurem ficar muito quietos, afetando indiferença pelo namoro, e dando um ou outro palpite ocasionalmente, nunca, porém, desmerecendo as qualidades do ente amado diante do filho, pois de repente a pessoa querida ganha em qualidades e atinge a perfeição aos olhos de quem ama.

O "cantinho" alegre

A beleza de uma casa está nos detalhes. Há donas de casa que têm o dom de criar "cantinhos". É como se elas desdobrassem a própria personalidade e espalhassem graça. Olham uma parede vazia – e daí a pouco a imaginação começa a trabalhar, a "encher" aquele trecho inexpressivo da casa. Em breve temos o que passa a ser "um cantinho". Essa parede alegre, por exemplo, pode ser na cozinha, no banheiro, no quarto. Pode-se fazer uma parede "viver" – sem usar quadros propriamente ditos. Objetos bem distribuídos também são pictóricos.

Férias... em casa

Todos os dias a gente devia poder tirar umas horinhas de férias. E em casa mesmo. Você tem em seu lar o "lugar ideal"? Aquele no qual você é você mesma, e com todo conforto? Onde você parece estar estirada no paraíso? Quem não tem seu "cantinho" em casa – quase que não tem casa. Veja essa poltrona. Talvez seja disso que você precisa: de um lugar que acolha bem você. E, se você é casada, seu marido terá esse lugar quando chegar do trabalho: o lugar onde ele é rei, onde o patrão não manda, onde as intrigas não chegam, onde as preocupações de dinheiro não entram. Um lugar bom para "ser". O mesmo que, de dia, você tomou para si, como uma rainha. (O melhor seria ter dois lugares perfeitos, pense nisso.)

Adão
e a beleza

Que importância tem para os homens, a beleza feminina? Na realidade, existe muito pouca mulher verdadeiramente bonita; e portanto o que seria do romance, se a beleza só constituísse fator absoluto para o mesmo? Mas seja como for, "eles" continuam sendo agarrados por "elas" e seus encantos. Não importa que sejam altas ou baixas, gordas ou magras, que tenham as pernas tortas ou que sejam dentuças.

É muito difícil para o rapaz, poder explicar "o que" o fez cair. Muitos psicólogos são de opinião de que a razão está às vezes num pequeno traço ou expressão que lhes lembra a mãe. Ou apenas aquela sensação interna que não pode absolutamente ser arrancada.

Certo rapaz ainda opina que a beleza naturalmente ajuda, mas que o mais importante é a personalidade.

Também a idade física do homem influi em suas opiniões. Por exemplo, os rapazotes vão muito mais pela aparência exterior do que os homens já maduros.

Foi feito um inquérito entre estudantes de 17 e 18 anos e apurou-se o seguinte: 75 %, o fato de dançarem bem (imaginem!) e 24 % só, a inteligência.

Depois da guerra, então, fizeram outros inquéritos entre os veteranos, cujas preferências se mostraram bem mais inteligentes: em primeiro lugar, a mulher deve gostar de coisas de casa, querer ter filhos, ser boa cozinheira, ser ativa, simpática e bem cuidada. Só no fim é que vem a beleza.

Mas a verdade é que quando chega mesmo a hora, eles se apaixonam sem precisar de nada disto...

Um homem entre mulheres

Todo homem se deixa levar por uma de suas namoradas, pelo menos uma vez, fazendo tudo o que ela quer, mandando-lhe flores, saindo com ela para passear e querendo estar sempre junto; chega mesmo a casar-se com ela. Por aí deduzimos que devia sentir-se feliz no meio de uma dezena de mulheres.

A verdade, porém, é que ele não se sente nada bem no meio de uma multidão de mulheres, do mesmo modo que um esquimó não pode se sentir bem dentro de uma roupa de banho úmida.

Uma mulher no meio de uma porção de homens até se diverte, porque eles lhe darão uma atenção toda especial e ela adora isso! Já um homem, quando se encontra no meio de uma porção de mulheres, a única coisa que quer é cair fora. Os psicólogos dizem que é o resultado de eles terem sido mandados por mulheres desde pequenos: a mãe, as babás e as professoras. Depois disso, como podem se sentir bem no meio de uma multidão de mulheres? Além do mais, elas não falam de outra coisa a não ser de si mesmas, de suas roupas e das outras mulheres, e entram em todos os pequenos detalhes de sua vida cotidiana.

Para um homem é difícil entrosar-se nessa linguagem, pois todas falam ao mesmo tempo, e empregam termos cheios de afeição como "querida", "que encanto" etc... que um homem que se preza não vai usar.

No fim de trinta segundos, ele já está inteiramente sem ação e com os olhos esgazeados postos na porta de saída.

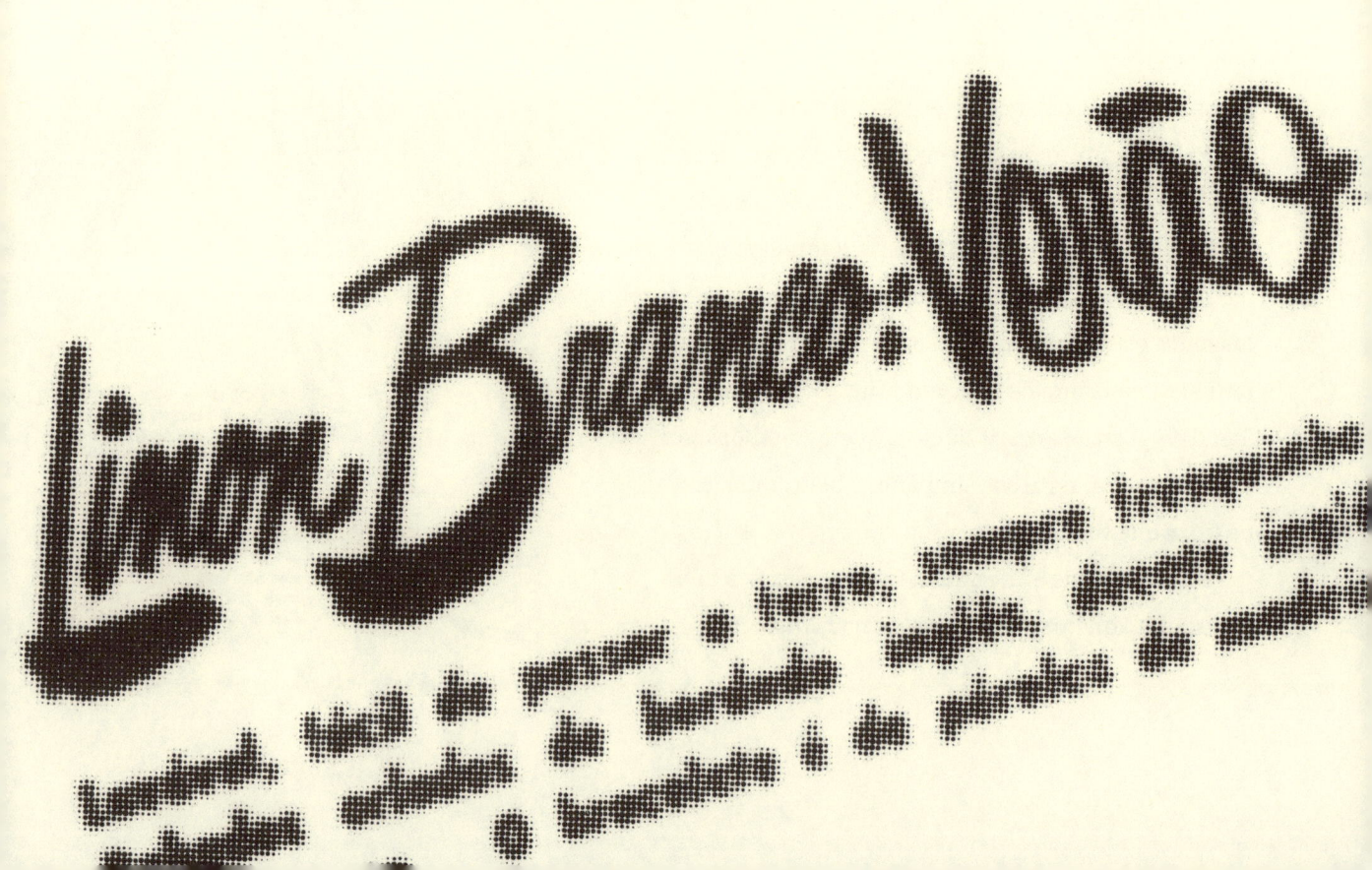

Explicando para as crianças "amor"

Saiu um livro lindo nos Estados Unidos, escrito por uma mulher: Joan Walsh Anglund. Chama-se *Amor é um modo especial de sentir*. E nele aprende-se como ensinar a crianças a respeito do mais complexo dos sentimentos humanos. Aliás, a autora tem um jeito todo especial de explicar o difícil. Escreveu, por exemplo, um livro cujo título é uma verdadeira definição: "Amigo é alguém que gosta da gente." Bem, no livro sobre amor ela, em poucas palavras, transmite às crianças toda a vastidão do sentimento de amor. Por exemplo, "amor é a segurança que a gente sente quando se senta no colo da mamãe". Outra: "amor é a felicidade que a gente sente quando salva um passarinho que foi ferido".

E, para finalizar com chave de ouro, esse achado, essa verdade, que todos nós reconhecemos: "Você sabe quando o amor está presente porque, subitamente, você não se sente mais só."

As 24 horas de um dia

Poucas pessoas – pouquíssimas, aliás – vivem com alegria. Ou estão lamentando os erros de outrem ou se preocupando com os problemas de amanhã.

Ou se sentem tão cansadas e nervosas que não têm capacidade de usar o momento presente. No entanto, o "dever" da gente é com o momento presente, sobretudo.

Não existe ninguém no mundo que tenha mais do que 24 horas por dia. Planejando um pouco, é muito possível "possuir" mais essas 24 horas – sem a exaustão ou confusão que vêm quando se tenta fazer muito em pouco tempo.

Qual seria a recompensa de um planejamento do tempo? Esta: ter mais tempo.

"Sou tímida"

Você é tímida e quer saber se pode ser gostada, mesmo com sua timidez. Claro que sim.

As pessoas tímidas demais podem não ser um exemplo de popularidade, mas em geral são estimadas sem mesmo lutarem por isso. Algumas pessoas tímidas têm um jeito sincero e quieto de se exprimirem – o que é, em si, um encanto para os outros.

Agora, o que afasta os outros, é quando uma pessoa tímida procura esconder sua timidez sob uma capa de frieza e indiferença, ou sob uma atitude agressiva.

É claro, também, que se o tímido evita qualquer contato social, nunca terá a oportunidade de saber se seria gostado ou não.

Rosto novo em alguns instantes
(Truque de lutador de boxe)

Embora moça, há dias em que o rosto parece fatigado, escurecido. Se isso lhe acontece com frequência, procure descobrir o que há de errado no seu regime de vida. (Alimentação pouco racional, excesso de preocupações etc.)

Mas suponhamos que você precise ir a uma festa ou a qualquer outra reunião, onde queira "estar bem". Naturalmente não poderá eliminar às pressas o motivo real de sua aparência cansada. Poderá, no entanto, em alguns instantes, "levantar" o rosto, dar-lhe maior vivacidade – e mesmo emprestar aos olhos aquele brilho que reflete ânimo novo.

Experimente, por exemplo, seguir este conselho:

Prenda os cabelos, desnudando a nuca. Molhe um pano em água bem fria, esprema-o e aplique-o na nuca. Renove várias vezes a compressa. Você se sentirá, imediatamente, mais disposta. Nunca reparou que os lutadores de boxe, entre um *round* e outro, são submetidos a esse rápido tratamento? Pois, antes de enfrentar novas lutas, use o mesmo tônico.

Comportamento

Nossos filhos, desde pequenos, devem ir aprendendo a se portar bem junto aos outros, seja numa festa, na escola ou numa praça de brinquedos. O hábito de correr na frente, empurrar o companheiro ou passar no meio dos mais velhos, pisando-lhes o pé, denota a criança pouco treinada para viver na sociedade.

As crianças devem se desenvolver num ambiente de cortesia, naturalmente espontânea, sem ser forçada. Ensine seus filhos a pedirem desculpas e reconhecerem seus erros, quando não tiverem procedido direito. O reconhecimento de suas próprias falhas é tão importante ao homem como as suas próprias qualidades.

Ao lado dos cuidados com a saúde e alimentação da criança, a mãe nunca deve se esquecer de que está moldando uma criatura humana, incutindo-lhe bons ou maus exemplos, através de seus próprios atos corriqueiros em casa. Como pode uma mãe tentar corrigir um filho que fala alto demais, com gesticulação exagerada, se ela também possui este defeito?

Inteligência

As mulheres são mais inteligentes? – Por favor, não fale alto, pois, se houver algum homem por perto, sou capaz de apanhar... Isto não é pergunta que se faça...

A faculdade de inteligência foi conferida tanto ao homem como à mulher, seres racionais. O desenvolvimento da inteligência é feito através de estudos, experiências práticas que se realizam todos os dias, desde quando a criança abre os olhos para o mundo, até o fim da vida. Quanto mais estudos, experiências, contato, com o mundo e com os semelhantes, maior desenvolvimento haverá para a inteligência. Há, na verdade, indivíduos que nasceram bem-dotados de algumas faculdades da inteligência e conseguem aprender com facilidade tudo o que se relaciona com elas. Há pessoas com tendências visíveis para a música, outras para a matemática e outras ainda para o desenho. Basta que a estes indivíduos se dêem alguns meios para começar seu aprendizado e eles cedo estarão dominando completamente sua especialidade.

Isto quer dizer que não há homens ou mulheres mais inteligentes. Todos têm sua cota, alta ou baixa, de inteligência, e serão muito espertos se souberem aproveitá-la da melhor maneira, estudando e aperfeiçoando os dons que Deus lhes conferiu.

O lar e o trabalho

A vida da dona de casa é mais cômoda do que a da moça que trabalha? Muita gente pensa que a maioria das mulheres prefere trabalhar fora a viver em casa, cuidando da comida, roupa e arrumação do lar. No entanto, estatísticas confirmam que a grande maioria das mulheres que trabalha fora preferiria estar em casa, mesmo tendo que tomar todo o encargo de uma casa.

Não é nada agradável para uma mulher levantar todo o dia à mesma hora, se preparar correndo, tomar café e sair atrás de um ônibus lotado, para começar a trabalhar num escritório ou repartição até à tarde, naquela rotina desagradável de todos os dias. O trabalho em casa, apesar de não ter horário e nunca ter fim, é mais agradável, pois poderá ser suspenso a qualquer momento, a critério da dona de casa e ela mesma pode organizar seu programa, escolhendo as horas para realizar as tarefas que necessitar.

É verdade que o apronto dos alimentos, a lavagem da roupa e limpeza da casa e o cuidado com as crianças não são das coisas mais agradáveis, são um trabalho penoso, mas nele a mulher põe amor e interesse, pois são coisas suas e ela é diretamente interessada, ao contrário do que ocorre com o trabalho fora do lar.

Bolo e gelo:
Conselhos de minha vizinha

Sabe como minha vizinha quebra gelo? Pois coloca o bloco sobre um pano limpo e bate com o martelo num prego cuja ponta fica pousada exatamente no lugar que ela quer dividir. Engenhoso, simples, sem perigo.

Um dia desses vi, com espanto, ela passando a ferro um vestido preto do seguinte modo esquisito: ela passava sobre papel de jornal molhado e torcido. Perguntei o que era aquilo. Respondeu: "Se eu não fizer assim, qualquer vestido de seda escura fica todo lustroso nas costuras."

Outra coisa que ela sistematicamente faz, ao assar um bolo: põe no forno, na prateleira debaixo, uma bandeja de folha com água. Diz que assim o bolo assa por igual.

Que preferem os homens?

É comum ouvir-se a afirmação de que os homens não gostam de mulheres inteligentes. Mas, pelo que se pode observar, são poucos os que fazem objeção à inteligência feminina. Do que os homens não gostam é de mulheres masculinizadas com sentimentos exagerados de inferioridade; ou que querem exibir-se intelectualmente à custa do sexo oposto.

Os homens incultos ou de inteligência reduzida, em regra geral, não apreciam mulheres brilhantes, altamente instruídas, mas os de um nível intelectual superior sabem apreciá-las – e muito.

Numa reunião social, a questão de se os homens gostam ou não da companhia de mulheres intelectuais é puramente acadêmica. Via de regra, eles procuram a companhia uns dos outros, deixando de lado o belo sexo. Não obstante, há os que preferem conversar com mulheres. A princípio, reúnem-se em torno da mais jovem, mais bonita ou mais elegante. Mas muitas vezes acabam rodeando uma mulher menos jovem, mais bonita ou menos bem-vestida, mas que é bem informada, sabe conversar e, sobretudo, sabe ouvir – uma das qualidades mais apreciadas pelo sexo masculino...

Em sua maioria, os homens não se importam sinceramente de competir com uma mulher no terreno profissional. É só quando ela tenta usar como vantagem profissional a deferência devida a uma mulher (sentimento arcaico que data de quando as mulheres eram escravas dos homens e tinham que usar de astúcias para se defenderem) que os homens se mostram irritados, e com justa razão.

Na realidade, a mulher de nível cultural superior leva uma grande vantagem, pois tem a oportunidade de desenvolver as muitas facetas de sua personalidade feminina – intelectual, criadora, maternal – conjuntamente ou em diferentes fases de sua vida.

Além disso, a mulher inteligente e culta sabe melhor compreender o homem a quem ama e aceitá-lo, não como um ser superior, mas como uma criatura feita de qualidades e defeitos... como ela própria.

Cuidado
com o verão

No verão, quando você vai à praia, não seja exagerada. Queimar-se, adquirir uma bonita cor bronzeada é o que todas vocês desejam e eu as compreendo. O que não devem esquecer-se, no entanto, é de que tudo em excesso é prejudicial. O sol contém vitamina D, tão preciosa para a saúde, mas, em compensação, se você não proteger o seu rosto com um creme, esse mesmo sol queima e resseca a sua pele, escamando-a, manchando-a e, consequentemente, enfeiando-a. Durante o verão, você deve usar sempre uma proteção, um creme especial para pele seca, a fim de que os seus prazeres ao ar livre não sejam causa para envelhecimento prematuro, formação de rugas e outras feias consequências. Um creme à base de lanolina umedecida é o ideal, porque a lanolina é a maior amiga de nossa pele, devolvendo a umidade, que é a própria juventude perdida de uma pele ressecada pelo sol, pelo vento ou pela sua própria deficiência. Também os seus cabelos exigem cuidados especiais, pois a exposição demorada ao sol e ao vento torna-os quebradiços, secos e baços. Faça fricções com um produto oleoso, que também fortaleça. Em conclusão, "lubrifique" cabelos e pele para compensá-los da ação perigosa do sol.

O maior prejuízo, porém, causado pela sua demora excessiva na praia, na hora do maior calor, é para a sua saúde. Além das queimaduras, que deixam marcas nem sempre fáceis de desaparecer, os raios ultravioleta do sol do meio-dia penetram através de sua pele indo prejudicar você internamente. A insolação, causada pela temperatura elevada, pela sua imobilidade sob o calor abrasador do sol, muitas vezes pode causar a morte.

Seja sensata, abrigue-se sob a barraca, refresque-se de vez em quando com um mergulho nas ondas, não fique deitada, horas a fio, sob a inclemência dos raios solares, no desejo absurdo e tolo de adquirir um queimado forte de uma só vez. O bronzeado bonito, por igual, sem descascar e sem formar bolhas, só pode ser conseguido aos poucos.

O verão está aí, minha amiga. Vá à praia, brinque na areia ou na água, queime-se, mas use a cabecinha para que uma tolice qualquer não lhe dê futuros arrependimentos. As manchas deixadas pelo sol poderão estragar o seu resto de ano e trazer-lhe despesas extras, visitas a um especialista etc. Os males que lhe poderão advir de uma longa permanência ao sol são incalculáveis, podendo ser fatais. Vá à praia na parte da manhã ou de tarde, quando o sol não estiver forte. Evite o sol de meio-dia. Acredite que estes conselhos são para proteger a sua saúde e a sua beleza.

Por que não usar óculos?

Conheço muitas mulheres que por uma vaidade tola e fora de moda não usam óculos, mesmo sem ver coisa alguma que as rodeia. Adotaram o preconceito de que óculos envelhecem e não se convencem do contrário. Não notam, entretanto, que a falta de óculos faz com que o míope force de tal maneira a vista que rugas e pés de galinha formam-se em suas pálpebras, no nariz e na testa. E rugas, sim, são sinais de envelhecimento. Além disso, o esforço constante para ver, cansa e esgota o paciente, abatendo-o, deixando-o nervoso, irritado e com aspecto doentio.

Por outro lado, existem óculos modernos elegantíssimos, para todas as horas, óculos que são verdadeiras joias mesmo e enfeitam o rosto de qualquer mulher.

Felizmente, a mulher moderna já está aprendendo, aos poucos, a combinar elegância com saúde e, no caso de seus olhos, já está compreendendo a importância que eles realmente têm.

Se você nota qualquer anomalia na sua visão, se os olhos ardem, ficam vermelhos, se descobre dificuldades em identificar objetos a alguma distância, consulte um oculista. E se ele recomendar-lhe óculos, use-os. De feitio clássico, esportivos, extravagantes, o que importa mesmo é o serviço que as lentes irão prestar-lhe. O pisca-pisca, o franzir do nariz, o entrefechar das pálpebras, tudo isso é muito feio de notar-se numa mulher. E quanto à tolice de pensar que óculos envelhecem, raciocine bem sobre isto: as rugas, o ar de cansaço não envelhecem? Pois é a falta dos óculos que os provoca.

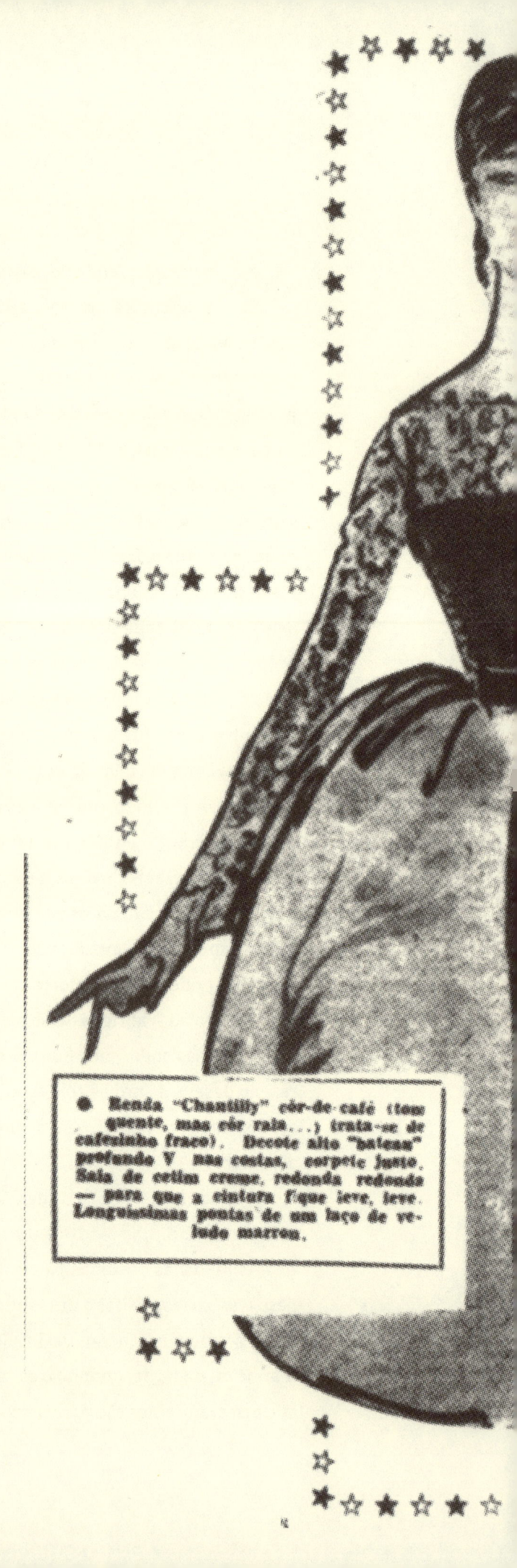

Renda côr de café

Festa em casa

Se dá jeito, a mesa pode ficar no centro da sala. Mas às vezes é melhor colocá-la a um lado, o que facilita o movimento dos convidados.

O melhor é toalha branca (bem passada, sem vincos). A vantagem da toalha branca é dar um fundo neutro que não se confunda com as muitas cores das comidas e bebidas. O branco destaca tudo o mais.

As flores podem ficar ao centro, ou espalhadas – como lhe agradar. De uma só qualidade ou de várias, do tipo rico ou do tipo agreste, de cores bem vivas ou pastel.

Preparando-se para o inverno

Você reparou que o tempo frio parece engordar a gente? Por um lado, apenas "parece", é que as roupas de tecido mais grosso "enchem" a silhueta, deformam-na um pouco, acrescentam formas às formas. Mas, por outro lado, engorda-se mesmo...

Ficar mais tempo em casa dá ideia de comer mais. Vai-se à cozinha dar uma espiada, e... quem procura, acha... Fica-se beliscando para mascarar algum tédio, alguma preguiça. Também se come mais porque faz mais frio, e caloria esquenta mesmo.

Estaria tudo muito bem, se... comer não engordasse. E o pior é que não é se queixando de engordar que a gente emagrece. Bem que a gente sente algum alívio, um desencargo de consciência, ao repetir que a cintura aumentou, ou os quadris – esse problema nunca muito bem resolvido – está tornando a saia justa. Depois de observar tudo isso em voz alta, que fazemos, além de suspirar? Comer, é claro.

Transformar esse devaneio de lamentações em atitude mais realista de ação é o que lhe proponho hoje – mesmo sabendo que me arrisco a perturbar sua paz de espírito ou de estômago.

O que sugiro é que, antes de o inverno instalar-se, você emagreça um pouco. Nem que seja apenas para dar margem a se deixar engordar um pouquinho nos meses que vêm. Como você vê, proponho uma transação que não fará você perder nada – se realmente não quiser...

Já se foi o tempo...

... Em que era considerado delicado deixar sempre um pouco de comida no prato. Hoje é perfeitamente educado comer toda a porção de que a pessoa se serviu.

... em que se pegava numa xícara de chá ou de café... erguendo o dedo mínimo. Hoje é gesto afetado, deselegante, de mau gosto.

... em que era de praxe recusar várias vezes uma gentileza antes de aceitá-la. Quando a convidarem para um jantar, agradeça, aceite, e não faça um drama "do trabalho que vai dar".

... em que, ao se sentar à mesa, se dizia aos outros comensais: bom apetite! Não é mais "fino" dizê-lo.

... em que a pessoa que tocava piano se achava no dever de recusar uma pequena audição, várias vezes, antes de aceitar. Se você não quer realmente tocar, diga-o de um modo suave mas firme, o que em geral encerra o assunto. Mas se pretende terminar tocando, toque, por favor!

Faça você mesma

Tanta coisa já foi dita a respeito das vantagens práticas de uma mulher que saiba costurar, que mal parece necessário tomar, mais uma vez, a defesa dessa arte. Como acessório para a economia da família e como equilíbrio de orçamento, a costura encabeça a lista das chamadas "prendas domésticas".

Mas há um outro aspecto da costura que raramente é mencionado. Toda mulher que costura já experimentou o prazer e o orgulho com que responde "Eu mesma fiz", quando alguém elogia um vestido seu ou quando amigos admiram as cortinas ou capas das poltronas de sua sala. Quer tenha ou não consciência disso, a mulher costura tanto pelos motivos mais sóbrios de economia, quanto pelo prazer de realizar alguma coisa. Há uma inegável satisfação criadora em fazer uma roupa elegante, em transformar uma velharia relegada ao fundo do armário em algo novo, ou em dar uma nota pessoal à decoração de um quarto ou sala.

Muita gente tem a impressão errônea de que o molde é o único ingrediente original da costura. Mas na realidade, mesmo uma cópia exige dose considerável de colaboração criadora. Escolher o estilo mais apropriado ou que melhor se adapte ao seu tipo, selecionar o tecido adequado, ajustar o molde às suas medidas, combinar as cores – tudo isso constitui um desafio ao engenho feminino. Doze mulheres podem escolher um mesmo feitio de vestido, mas quando terminam a sua confecção, o resultado é uma dúzia de vestidos diferentes. Cada qual terá acrescentado o seu toque individual de certa forma, criado algo de novo.

A grande compradora

Suponha-se que as mulheres se desinteressassem de repente de maquiagem, não prestassem mais atenção às vitrinas e que as inovações dos cabeleireiros as deixassem indiferentes. Suponha-se que o desejo de agradar desaparecesse de seus corações.

Esses fenômenos, caso acontecessem, desencadeariam logo reações em cadeia que a terminologia atual classifica como: análise de motivações, estudo de mercados em potencial, psicotestes etc.

O ciclo, provavelmente, terminaria com uma grande promoção de vendas, de acordo com as técnicas modernas, a fim de que os rostos voltassem a ser maquilados, as vitrinas admiradas, e o cabeleireiro retomasse sua posição de divindade familiar.

O gosto de uma rainha, ou mesmo o de uma "estrela", não são mais, atualmente, suficientes para o estabelecimento de um estilo, ou venda de um produto. As companhias de publicidade sabem, por exemplo, que é preciso sondar os corações femininos; analisar os porquês; verificar os artigos comprados num ano e num dia; fazer perguntas; interrogar vendedores e codificar, em seguida, os dados obtidos em colunas que permitam tirar conclusões, as quais servirão de base para novas diretrizes.

São pesquisas deste gênero que permitem constatar o estado permanente de inquietação da consciência feminina e medir até que ponto, no capítulo das compras, a mulher – essa grande compradora – se deixa influenciar na aquisição de um artigo. Não é à toa que cerca de 90 % de toda a publicidade deste mundo seja dirigida à mulher.

Agradar à mulher! Eis, condensada em três palavras, a razão de ser, não só da quase totalidade do comércio, mas da maior parte dos empreendimentos humanos, quer estejam, ou não, interessados em vender mercadorias às mulheres!

SAIA-E-BLUSA

A moda vai mudando, mas acabamos de vos abordar um conjunto que veste "perfeito": o saia-e-blusa. [...] A blusa é de veludo "cotelé" preto. A saia, na "Ti-modas", é como escuro e branco. Cinto, bolsa e sapatos — vermô prêto.
(Lebelson Modas)

A máscara da face

Os cosméticos são um bem ou mal? – Na era como esta em que vivemos, em que tudo é feito à base de aparência e anúncio, com o domínio completo da publicidade, os cosméticos adquiriram muita importância para as mulheres e para o mundo em geral.

Cada ano aparece um novo tipo, que se consegue conjugando vários cosméticos, onde se incluem lápis de sobrancelhas, rímel para os olhos, bastão para os lábios e os pancakes. Um ano são os lábios que devem aparecer bem pintados, vermelho vivo, provocando a admiração de elementos masculinos. No outro ano, são os olhos que crescem em importância, eclipsando o resto do rosto, e deixando-o esbatido e vago. As mulheres acompanham docilmente os ditames da moda, procurando fazerem-se belas segundo os últimos figurinos.

Estará errado tudo isto? Não irá aí muito exagero, muito pretexto para ganho de dinheiro por parte dos negociantes, e lançadores da moda? Não está sendo explorada a vaidade feminina e orgulho masculino, para que os fins sejam conseguidos?

Acreditamos que o meio-termo, como sempre, é a melhor atitude a tomar, nesse assunto. Nem exageros de pintura, seguindo rigorosamente a moda, nem o desleixo, a falta absoluta de maquiagem, deixando a descoberto um rosto pálido, em contraste com os radiosos rostos das que se pintam. A mulher deve se conservar numa atitude de discrição, embora se pinte e procure ser bela, pois não há nada mais encantador que uma bela mulher vestida com roupas elegantes e modernas, mostrando o mais amável dos sorrisos! É mesmo um céu em vida!

O primeiro convite

Uma menina pode criar-se entre meninos, mas, só por volta dos quinze anos, começa a interessar-se realmente no sexo oposto. Então, de repente, algum colega ou companheiro em que, meses antes, não encontrava encanto nenhum, passa a ser para ela o príncipe encantado. E quando o sentimento é correspondido, culmina, logicamente, no primeiro convite a dois.

Seria bom se eu possuísse uma fórmula mágica para tornar essa primeira saída de uma jovem numa recordação feliz para o resto de sua vida. Entretanto, o máximo que posso fazer é indicar alguns dos enganos e perigos capazes de prejudicar tão importante ocasião. O resto, evidentemente, depende do bom senso de cada uma.

Talvez você não se sinta muito a gosto quando, pela primeira vez, aceita o convite de um rapaz. Se vocês dois são da mesma idade, o provável é que seu par também se sinta constrangido. Isso, nele, talvez se manifeste por um mutismo quase absoluto ou por uma exuberância excessiva – o que não passa de um disfarce da timidez. Caberá a você alimentar a conversa e mantê-la num clima agradável. Fale sobre assuntos de interesse comum e demonstre uma curiosidade amável nas coisas que o interessam. Acate as opiniões dele, e, com isso, terá conquistado um amigo fiel.

O rapaz convidou-a porque gostou da sua maneira de ser ou do seu físico ou de ambos. Se você se apresentar muito mais bem-vestida que de costume e com um novo penteado extravagante, ele ficará mais chocado do que seduzido. Enfeite-se, mas mantendo o seu natural, e tudo correrá bem para ambos.

Não o faça gastar demais, e tampouco demonstre que está preocupada com a despesa. Se ele a convidou para jantar num restaurante, escolha um prato intermediário – nem o mais caro, nem o mais barato do menu. E coma o que pediu. Ele pode não fazer questão de gastar toda a mesada nesse jantar, mas ficará irritado se você desperdiçar a comida.

Um último conselho: não tenha medo de rir, de ser você mesma. Faça o que puder para deixá-lo à vontade e satisfeito. Se conseguir isso nesse primeiro convite – o seu futuro promete...

A necessidade de dieta

Você sobe à balança e verifica que ela não é muito camarada. Acaba de apontar 75 quilos e você não tem nenhum pedaço de chumbo no bolso. Que fazer? O desejo de iniciar uma dieta é grande. Muitos são os recortes de jornais e revistas com as informações precisas sobre o caso. O médico já se pronunciou a favor do regime. Resta começar.

Por que não começa agora mesmo? Neste instante em que estamos falando? Tome a grande decisão e aja, não espere nem um minuto mais. Não deixe para depois da hora do lanche, que adivinhamos cheio de guloseimas. Para que você se decida realmente a iniciar a dieta, é preciso que se capacite de que está realmente gorda. Adquira um espelho grande, tamanho natural, e coloque num lugar da casa em que você passará por ele pelo menos seis vezes por dia; isto fará com que você se decida de repente, ao ver a criatura rotunda que o espelho insiste em dizer que é você. Um espelho de três faces será ainda melhor. Você terá oportunidade de se ver de todos os ângulos e note que você preferiria mil vezes não ter esse prazer!

Depois deste acurado autoexame, asseguramos que você terá a maior satisfação em iniciar um regime para perda de peso imediatamente!

Eva e a leitura

Há mulheres que leem avidamente os romances em quadrinhos das revistas mensais; outras preferem os contos dos suplementos femininos e um número menor se dedica a leituras sérias, a romances de bons autores e a biografias de valor. Esse número não é tão pequeno quanto à primeira vista parece e há muitas mulheres, donas de casa, que vivem ocupadas com seus afazeres, mas que sempre encontram um tempinho para folhear bons livros.

A leitura instrui e educa, eleva os pensamentos e faz com que as pessoas se irmanem melhor, compreendendo que vivem em comunidade, e como representantes de um grupo devem proceder. A ideia de que formam um grupo, com características distintas, seguindo tradições e enfeixando responsabilidades as mais sérias, faz com que o homem ou a mulher se inclinem para a benevolência em relação aos seus semelhantes.

Esse é um bom caminho para o início da confraternização universal, de uma maior compreensão entre os povos e, por conseguinte, a esperança de um mundo isento de guerras e conflagrações. Os livros verdadeiramente bons muito podem fazer pelos homens de nossos dias.

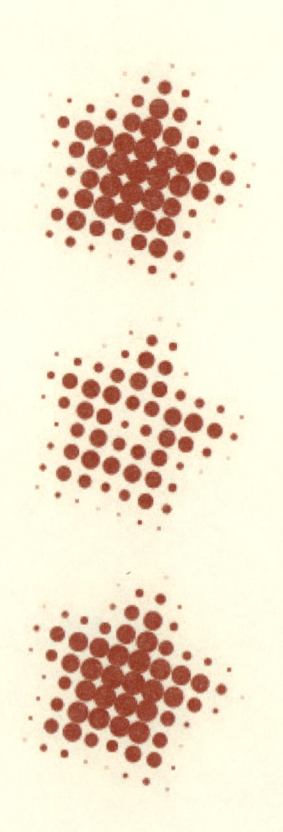

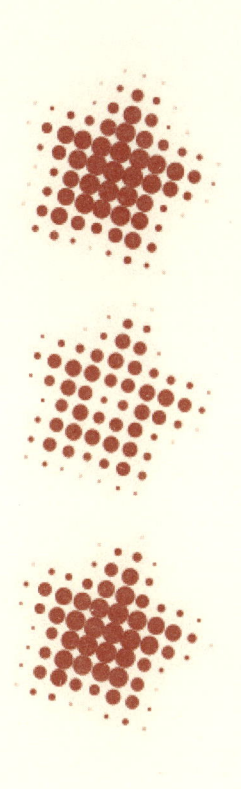

Espírito

As mulheres são menos espirituosas do que os homens? É verdade que as mulheres são ótimas artistas no palco. Existe mesmo uma grande quantidade delas que obtiveram estrondosos êxitos. Não raramente se especializarão no campo da comicidade. Por exemplo, para cada Fanny Brico ou Gracie Allen, podemos citar uma dúzia de cômicos os mais engraçados tais como Bob Hope, Jack Benny, Milton Berle, Lou Costello, Ed Wynn, Jimmi Durante e por aí vai.

Mesmo em questões de histórias humorísticas e anedotas, os homens têm a primazia além de apreciarem o humorismo em geral, muito mais do que as mulheres. A prova é que todos os escritores de piadas são homens. Há qualquer espírito no bom humor dos homens, que provoca a hilaridade. A mulher, em geral, procura manter a sua dignidade e de acordo com um famoso psicólogo americano, podem rir-se das outras, mas muito raramente provocam deliberadamente o riso.

Os homens também leem muito mais sobre este gênero de coisas do que suas companheiras.

Conta-se até um caso que terminou com desquite do casal. A queixa da esposa foi de que cada vez que preparava o almoço para o marido e quebrava um ovo, este achava uma graça enorme em obrigá-la a comê-lo. Até que certa manhã o hábito foi muito longe e a pobre teve que engolir cinco, passando então a não achar graça nenhuma. Bem se pode ver a diferença entre o humor masculino e feminino.

Tempo para gastar (1.930 horas por ano)

Talvez você se capacite de que na realidade tem mais tempo do que pensa, se fizer a conta das horas do dia, da semana, do mês, do ano...

Vamos facilitar a tarefa para você.

Um ano tem 365 dias – ou seja, 8.760 horas. Deduza oito horas por dia de sono. Deduza cinco dias de trabalho por semana, a oito horas por dia, durante quarenta e nove semanas (descontando, digamos, um mínimo de duas semanas de férias, e mais uns sete dias de feriados). Deduza duas horas diárias, empregadas em condução.

Nessa base, sobram-lhe 1.930 horas por ano. Para você fazer o que quiser.

Timidez

Quando você recebe uma visita, é comum seu filhinho de dois ou três anos se esconder em algum quarto para não ter que encontrá-la.

Não há nada de mau nisso, pois quase todas as crianças procedem assim, enquanto muito pequenas, pois não se habituaram ainda ao contato com muitas pessoas. Seu círculo de relações é muito restrito, atém-se às pessoas de casa e a alguns vizinhos.

Não force a criança a ir cumprimentar seus amigos, pois o resultado seria desastroso. Antes, finja que não percebeu seu acanhamento, que, aos poucos, ela irá se acercando das pessoas, por força de uma curiosidade muito natural.

Para incentivar seu filho a travar amizades, estimule-o a ir brincar com as crianças da vizinhança e, tanto quanto possível, leve-o em sua companhia para fazer compras na feira, em armazéns etc. Ele irá perdendo o medo natural aos estranhos e aos poucos travará amizades sem o clássico prólogo do acanhamento.

EXAUSTA. EXAUSTA. EXAUSTA.

O homem e a vaidade

A vaidade, que os homens pretendem seja uma característica feminina, realmente é um atributo tanto do belo como do menos belo sexo... Apenas, na mulher, a vaidade, por ser mais óbvia, menos dissimulada no seu intuito de agradar e seduzir, adquire uma feição de espontaneidade louvável. Ao passo que, no homem, a coisa é bem diferente...

Quem já viu um homem confessar que faz a barba porque julga que o rosto rapado lhe assenta melhor ou porque a moda assim o prefere? Nada disso! Faz a barba porque é mais higiênico, ou porque não quer dar-se ao trabalho de tratá-la – ou qualquer outro pretexto. Por vaidade, nunca! Mas, há algumas décadas, quando a barba estava em moda, nunca faltaram aos homens argumentos outros para justificá-la. Com o bigode dá-se o mesmo: os homens usam-no, ou não, sempre alegando o mesmo motivo de "conforto".

E quantas vezes já não ouvimos um homem caçoar dos chapéus femininos e considerar ridículas as flores que os ornam. Mas haverá lugar mais tolo para uma flor do que a botoeira de uma lapela?

Há um tempo, ao contrário do que se possa supor, a bengala era usada pelos homens apenas como um ornamento de tão pouca utilidade quanto as sombrinhas rendadas que as mulheres exibiam na mesma época. Os modernos meios de transportes liquidaram a dignidade da bengala, que passou de moda. Mas pode voltar a ser usada, como aconteceu com outro ornamento masculino – o cachimbo.

Originariamente, um recipiente para fumar aspirado pela boca, hoje em dia o cachimbo é sobretudo um enfeite masculino que simboliza meditação, virilidade, pensamentos profundos e superioridade em geral. Gestos deliberadamente mais lentos e uma maneira de falar mais acentuada, embora menos inteligível, resultam do uso do cachimbo. Ambas as características ajudam a intensificar a impressão de dignidade masculina. Assim, o cachimbo, esse ornamento semifuncional, vem sendo cada vez mais adotado em nossos dias. E os homens dão tanta importância ao formato do cachimbo que melhor assenta na sua fisionomia, quanto as mulheres na escolha de uma tonalidade de batom que mais as favoreça!

Fique jovem esta semana

1- Durante esta semana, procure dormir cedo. Se for possível, deite-se depois do almoço. Não faça muitas visitas, não receba muitas visitas. Procure não se aborrecer com ninguém. Evite as pessoas que têm por hábito ou por gosto a mania de deprimir os outros. Você estará desintoxicando os nervos por uma semana.

2- Durante uma semana (a mesma), alimente-se o mais racionalmente possível. Escolha alimentos leves e sadios, evite frituras, excesso de temperos, bebidas alcoólicas.

Probleminhas

Se seu filho rouba sal, não se irrite nem pense que sua estranha gulodice é extravagância. Acontece que seu organismo está precisando de sal e, se ele não procurasse instintivamente o remédio, sentiria muito cansaço. Dizem que em certos países dão água salgada a 5% dos soldados em marcha.

A colaboração no lar

As mulheres têm muita influência sobre a vida do marido, especialmente no setor de trabalho. Por trás de todo homem casado que trabalha, está a sombra da esposa. Esta poderá ajudá-lo a subir muito além dos outros, ou fará tanto peso para baixo que ele desistirá de lutar. Uma coisa é estimular pelo elogio e camaradagem, outra coisa é queixar-se todo dia de que ele não sobe na vida e ganha menos do que se gasta em casa. Isso pode arruinar a vida de um marido.

Que deve você fazer para animar seu marido? Em primeiro lugar, mostrar-lhe por pequeninas coisas, que você tem confiança nele, que espera dele grandes coisas e que ele é seu herói. Faça a sua parte, limpando a casa, preparando pratos saborosos e educando as crianças. Ele se sentirá feliz num ambiente sossegado e poderá repousar melhor. No dia seguinte, estará apto para enfrentar novas lutas e poderá conseguir novas vitórias.

Caprichos de mulher

— O que desejo não é propriamente ser uma mulher elegantíssima. É me sentir bem-vestida a qualquer hora, é não encabular quando encontro conhecidos na rua.

Então, se você pensa isso, está na linha da sensatez. Todas nós queremos a "fantasia" e uma pontinha de extravagância de vez em quando. Mas sentem-se felizes em sentir esse bem-estar que é feito de segurança e simplicidade, e bom gosto.

Como se consegue isso? Observe antes seu guarda-roupa. É possível que, sem notar, seus vestidos tenham um excesso de fantasia. Mas é você uma pessoa que tem ânimo de usar diariamente roupas desse gênero?

Ou você se sente melhor, para o uso diário, em cortes mais clássicos e mais simples?

A questão está lançada. O que você quer é que no seu guarda-roupa predomine o que "veste bem", sem exageros, sem excessos de originalidade, mas de linha agradável e juvenil.

Mesmo que você adore fantasias, fique certa de que deve ter no seu guarda-roupa alguns vestidos de linha sóbria, de corte clássico. Há dias e ocasiões em que outro tipo de roupa choca.

Isso não quer dizer que você afaste os caprichos, pois mulher sem caprichos fica triste... É claro que você deve ter uma boa margem para "inventar" novidades e fantasias, e dar vazão a seu senso imaginativo.

Adote o branco
Prepare-se para o verão

Nada é mais elegante do que o branco sob a luz vibrante do verão. O branco dá uma sensação de frescura e permite combinações infinitas de acessórios. Sedutor para as louras ou morenas, presta-se igualmente para as peles brancas ou bronzeadas. Por isto, aconselho às minhas leitoras irem desde já se preparando para a próxima estação. Para cada circunstância, para cada hora e para todos os gostos, a cor branca inspira uma infinidade de tailleurs, mantôs, vestidos de dia ou de noite ou conjuntos. As mulheres que gostam de se vestir de uma maneira sóbria devem procurar tailleurs de shantung ou tussor discretamente cortados. Aquelas que apreciam mais a fantasia se deixarão seduzir pelos tailleurs brancos, estampados ou estes modelos cujos coloridos e alegres colocarão sua vivacidade em destaque.

Não esqueça, leitora. Prepare-se para o verão!

Eduque seus filhos

A educação dos filhos é uma ciência difícil, se os pais querem realmente preparar jovens capazes, conscientes e úteis. Uma das falhas que tenho notado muito em alguns pais modernos é deixar os filhos absolutamente sem obrigações dentro de casa enquanto eles – o pai no escritório e a mãe no lar – desdobram-se para dar conforto, instrução e boa vida aos seus nem sempre reconhecidos rebentos.

Conheço uma senhora, por exemplo, que lava, passa a ferro, prepara o prato para a sua filha adolescente, que passa os dias largada numa poltrona ouvindo discos ou folheando revistas, quando não está ao telefone com amiguinhas e amiguinhos.

Ao sentar-se para as refeições, sempre achando "horrível" os pratos feitos especialmente pela mãe diligente, a mocinha sente sede. E lá se levanta e corre a mamãe a buscar a água. Na hora do lanche, ela está interessadíssima em entender a letra amalucada do último disco de Elvis Presley. E lá aparece a mamãe com o copo de vitaminas, o pedaço de bolo, as torradas. Arruma tudo, com devotado amor, diante da filhinha deitada no divã e esta, caprichosa e indolente, ainda reclama, porque preferia um refresco à vitamina.

Mães assim existem demais. E crescem as mocinhas esbeltas, bonitas, sadias, mas inteiramente inúteis, nada sabendo fazer, nada querendo ser, preguiçosas, mal-acostumadas, dengosas. O mesmo acontece com os rapazes. A vida para eles é para lá de tediosa; as horas se estendem em longas e vazias e a própria inutilidade provoca-lhes um estranho sentimento de frustração.

No entanto, essas mães e esses pais sabem que o trabalho estimula, que os deveres ensinam a viver em sociedade, que a ocupação é higiene mental. Sabem, mas agem como se não o soubessem. O que é uma irresponsabilidade. É mesmo um crime. Pois os jovens necessitam sentir o peso de uma responsabilidade para sentirem também o próprio valor e desenvolverem a personalidade. Impedir-lhes isso é prejudicá-los no seu desenvolvimento natural.

Deem pequenas tarefas a seus filhos, deixem-nos andar um pouco com os próprios pés, permitam que eles compreendam que a sua independência não está em serem malcriados, insolentes, desobedientes. Não os trate, aos 15 anos, como se tivessem apenas dois anos de idade.

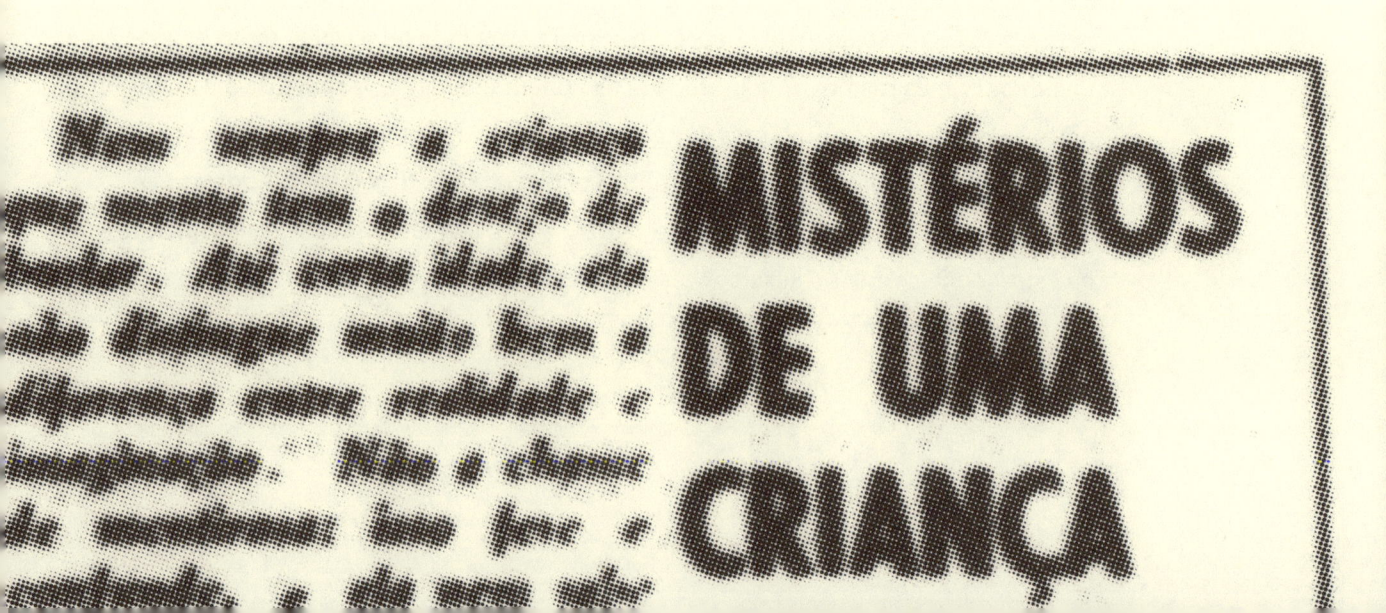

Vida realizada

Será que a maioria dos homens realiza alguma coisa na vida? Se se entende por "realizar" apenas alguma coisa que fique e que tenha valor para o mundo, como uma invenção, um bom livro, uma obra de arte, ou, então, uma ponte ou uma casa de negócios, muito poucos são os que têm esse privilégio.

A maioria dos homens perde seu tempo com coisinhas rotineiras e insignificantes como ir e voltar do trabalho, comer, dormir, casar-se, ter filhos e educá-los de modo que possam fazer as mesmas coisas mais tarde. Isso tanto inclui o grandão como o mais humilde deles.

Como empregará o seu tempo, o homem comum. Na média, ele dorme 16 anos, boceja 17.155 vezes, trabalha para viver 92.120 horas, chega atrasado ao escritório 4.606 vezes, bebe 17.155 xícaras de café, faz a barba 12.220 vezes, fuma 16.920 maços de cigarro, resfria-se 253 vezes, tem 940 dores de cabeça, come 364 vezes o seu próprio peso em alimentos, roga pragas 16.425 vezes, limpa as unhas 8.554 vezes e lê os jornais de domingo 3.600 vezes, mas só elogia a cozinha da mulher quatro vezes.

Trabalho

As mulheres gostam de trabalhar fora? Há dois grupos de mulheres que trabalham fora, as solteiras e as casadas. As solteiras trabalham por várias razões, cada uma variando de acordo com os problemas e conveniências de sua vida. A casada, de um modo geral, trabalha para prover o sustento do lar ou ajudar na manutenção do mesmo. É, portanto, um trabalho por necessidade, seja ela pequena ou grande. Muitas vezes é apenas para proporcionar mais conforto em casa, maiores horizontes aos filhos etc. A não ser quando se trata de uma vocação muito forte, que a impele para trabalhar, seja qual for sua situação na vida, a mulher casada prefere, intimamente, ficar em casa, cuidando do lar e dos seus.

Esse é um desejo muito natural e meritório até. Em casa, ela decide como quer e tem um campo de ação muito vasto, para desenvolver suas atividades, fazer experiências pessoais e, sobretudo, extravasar seu carinho com os que a cercam.

Nota-se, no entanto, cada vez mais aumentar o número de mulheres que trabalham fora e entre as casadas fazem um bom grupo. Vê-se aí que, apesar de seu desejo de permanecerem em casa, as mulheres saem para os empregos, premidas pelas contingências da vida moderna. Querem ver sua casa provida de todas as coisas que significam conforto, bem-estar... E se esquecem de que privam os seus entes queridos de sua pessoa que, para eles, é o mais importante!

Memória

As mulheres são boas fisionomistas? Nesse particular, as mulheres são capazes de distinguir a amiga que vai virando a terceira esquina com o novo namorado, e têm memória suficiente para se lembrar que a Joaninha está com o vestido de dois anos atrás, aquele mesmo com que foi à festa da prima. E, assim, um sem-número de detalhes, que ela precisará sem titubear. Mas se perguntarem a essa mesma senhora, quanto pagou de gás do mês passado, dificilmente saberá responder. Precisará também consultar o caderninho para saber o telefone das pessoas mais amigas, a quem está acostumada a falar. Não se recordará mais de um vago amigo de seu marido a quem foi apresentada e conversou muito, a não ser que esse tenha atributos físicos ponderáveis.

As mulheres guardam muito bem aquilo que lhes interessa. Isso talvez aconteça com toda gente, indistintamente. Mas as mulheres têm o senso do detalhe e guardam cores e modelos, sendo ao mesmo tempo incapazes de se lembrar dos números, que são o ponto fraco de sua memória.

Não adianta, portanto, se enfurecer, se sua esposa é incapaz de reproduzir o endereço dos amigos a quem costuma visitar. O melhor é você conservar a calma e ir procurar no caderninho de endereços.

Honestidade

Serão os homens mais honestos do que suas companheiras? No que diz respeito à ação, em verdade, os homens são mais desonestos do que as mulheres. Noventa e seis por cento das pessoas acusadas de fraude ou roubo são do sexo masculino; e num inquérito feito há pouco tempo, por 35 mil homens presos, o número de encarceradas não passou de novecentas.

Mas em compensação, o mesmo não podemos afirmar, quando se trata de desonestidade em palavras. Por meio do fingimento, frases ambíguas e hipocrisia, conseguem tudo aquilo que não podem atingir por meio da ação direta.

Isto já está tão assentado e aceito, que se hoje déssemos às mulheres uma dose de escopolamina, a chamada droga da verdade, a vida se tornaria horrivelmente monótona. Como dizia Schopenhauer: "Os leões têm garras, os elefantes têm dentes pontudos... e as mulheres têm a arte de fingir como meio de defesa natural."

Na Scotland Yard costumam dizer que felizmente as mulheres não se metem nos grandes crimes, pois se o fizessem os mesmos se tornariam muito mais complicados; as filhas de Eva são muito mais hábeis na arte de dissimular, do que os homens. (?) Esta interrogação é por minha conta...

As mulheres têm muito mais facilidade de enganar os homens, do que estes a elas – é uma modalidade de compensarem a força física do sexo oposto.

Para seu marido ler

Um menino de dez anos de idade disse um dia desses a um pai muito esclarecido: "Alô, camarada!" O pai respondeu, firmemente, gentilmente: "Não sou seu camarada, sou seu pai." O pai foi áspero? Não. Reconheceu o fato de que pai e filho não são iguais. Pai é o homem que tem a difícil tarefa de "civilizar" seu filho. E isso envolve outra difícil tarefa: a de disciplinar. Um dos medos dos pais modernos é o de perder a "amizade" do filho. O resultado é que este cresce com desprezo por qualquer espécie de autoridade. E o resultado é uma criança – e mais tarde um adulto – que se sente solta no mundo, sem apoio, e sem lei.

Em que se baseia a disciplina? Em firmeza, em carinho, em justiça, em franqueza.

A vida sedentária

Enquanto estamos dentro de casa, trabalhando, sem forçar todos os músculos do corpo, nem fazer os exercícios necessários ao organismo, devemos pensar em reservar alguns minutos para exercitá-los, mesmo que seja em casa. O ideal seria que pudéssemos frequentar um ginásio, com mais espaço e possibilidades para bons números de ginástica, corridas e bate-bola. Mas nem todas as donas de casa podem se dar ao luxo de perder algumas horas nesse mister, se bem que redunde em vantagem para a sua saúde e, por conseguinte, para a felicidade de toda a família.

Voltando, no entanto, aos minutos que deverão ser reservados resta dizer que para melhor vantagem, deverá ser marcada a cada hora, para formar o hábito. Pela manhã ou à tarde, o importante é que a dona de casa saiba que àquela hora tem um compromisso inadiável consigo mesma.

Para a escolha dos exercícios, o importante é estudar seu tipo e constatar se precisa corrigir a silhueta. Os números de ginásticas suecas são importantes para todo o corpo e muitas são as estações de rádio que têm programas orientadores neste sentido.

O exercício ritmado faz um grande bem à saúde e renova as energias, corrigindo as imperfeições do corpo e evitando um grande número de doenças.

Filhas modernas e rebeldes

Tenho ouvido queixas amargas de muitos pais, com referência às suas filhas adolescentes. Acusam-nas de excessivamente preocupadas com assuntos de vaidade, amiguinhos e outras coisas nada próprias para a sua idade.

Infelizmente, as estatísticas não escondem que é grande o número de mocinhas levadas pelas más companhias para o mundo chamado das "transviadas". Em quase todos os casos que conheço, procurando antecedentes e causas, tenho esbarrado com os pormenores típicos que originam o desajuste dessas adolescentes. Porque são desajustadas essas crianças, sim, senhora! E são desajustadas porque se sentem sós, incompreendidas e saturadas com os mimos excessivos, a liberdade excessiva, a excessiva autonomia que lhes são concedidos.

Parece estranho que em uma coluna dedicada a beleza e utilidades domésticas seja abordado assunto tão sério como esse, mas é que você, minha amiga, antes de ser mulher vaidosa ou dona de casa você é mãe, não é verdade? E eu sei que os seus filhos são sua principal preocupação.

Antes de tudo, seja amiga de sua filha! Não amiga para lhe dar coisas bonitas, beijos apressados e mesadas generosas. Mas para conversar com ela, ouvi-la, ajudá-la em seus pequenos problemas íntimos, conhecê-la – o mundo íntimo de uma adolescente é cheio de lagunas azuis, de torrentes impetuosas, de sombras, de mistério, de tormentos e de beleza. Dessas conversas com sua filha adolescente, surgirão revelações para você e o caminho para conquistar-lhe a confiança. Pois todos os jovens desconfiam sempre da geração dos "velhos". Não a contrarie em tudo, não lhe faça proibições ou exigências. A mocidade adora ser livre... ou julgar que o é. Com inteligência e o instinto materno que todas nós temos, você lhe mostrará o que está certo ou errado, mas de maneira sutil, fará com que ela compreenda como é ridícula a mocinha que adota atitudes de vampe, que anda maquilada com exagero, que procura adaptar-se aos vícios adultos, como o cigarro, o drinque, entusiasmando-se e procurando imitar os tipos falsos do cinema, enfileirando "casos" amorosos.

Muitas vezes, a mãe deixa a menina de 15 anos ser dona absoluta de seus atos, ou procura reprimir sua espontaneidade com uma autoridade absurda, que apenas desperta na mocinha o instinto de rebeldia. É preciso saber dosar. Nossa filha adolescente precisa, mais que qualquer outro membro de sua família, da nossa atenção permanente. Ela está entrando na vida, traz da infância um carregamento enorme de sonhos e nenhuma defesa – nem malícia, nem experiência, nem pessimismo. Se não estivermos ao seu lado, a própria vida irá ensiná-la... mas a que preço! Aos vinte, ela poderá ser uma adulta amarga, revoltada, sem amor e sem respeito a ninguém. Será acusada – injustamente. A culpa é apenas nossa, de seus pais e, principalmente, de sua mãe!

Fantasia da Moda

Comida e saúde

Comer bem é comer racionalmente. Isso não quer dizer que os alimentos devem ser sem gosto e apenas científicos... Coma com prazer, mas também com inteligência.

Pelo menos algum alimento cru deve ser ingerido em cada refeição. Ou sob forma de frutas ou de saladas ou legumes. Habitue as crianças ao gosto de alimentos crus: é um benefício que você lhes dará.

Bicarbonato de sódio em legumes e, verduras, quando em cozimento, conserva-lhes o tom verde, mas concorre para a destruição das vitaminas.

Quem não tolera leite na sua forma líquida e natural, nem por isso deve tirar do cardápio esse rico alimento. Pode-se aumentar o uso do leite na cozinha: em purê de batatas, purê de legumes, pudins, doces de leite propriamente ditos. Sem falar em mais queijo, mais manteiga.

O que você não deve usar

Não use joias verdadeiras com fantasias. Faça o possível também para não se empetecar demais com elas. Também não misture placa de brilhantes, com três voltas de pérolas, com brincos dourados e três pulseiras de ouro em cada braço, além de um anelão de água-marinha. Você não é nem vitrine de joalheiro, nem a Virgem do Pilar.

O melhor dote: bom gênio

Bom gênio não é coisa que se compra em loja, senão quantas de nós iriam às compras. Mas, pelo menos, ao saber que se tem mau gênio, um passo foi dado para poder controlá-lo.

Vou lhe fazer umas perguntas, e, se suas respostas demonstrarem a você mesma que seu gênio não é dos melhores, aproveite agora mesmo a chance de controlar seu mau humor – e procure não se irritar conosco.

— Você culpa todo o mundo quando quebra um prato ou rasga um vestido ou perde a hora do cinema?

— Quando você depara com uma mulher mais elegante ou mais bonita que você, qual é a sua atitude? Você demonstra o que sente?

— Quando você briga com uma pessoa, sempre espera que esta venha lhe falar primeiro?

— Quando seu marido ou noivo ou namorado se atrasa, você fala durante uma hora – ou então, o que é igual, emudece durante uma hora?

— Se você não consegue ser o centro de atenções, numa festa, sente-se humilhada?

— Você fica furiosa quando alguém descobre um defeito seu, mesmo que seja um defeito muito humano?

— Você, por exemplo, ficou furiosa conosco?

Para educar seu filho

Se o seu filho tem algum desses tiques tão comuns nas crianças – como chupar o dedo, coçar-se, roer as unhas etc. – não use os métodos antiquados e errados do castigo ou de ameaça. É necessário antes saber a causa e depois procurar tratá-la, de maneira inteligente, despertando o interesse da criança pelos jogos, esportes. Dando-lhe ocupações diversas e continuadas, consegue-se distraí-la e levá-la, aos poucos, a perder o vício, que é sempre um sintoma de que qualquer coisa não está satisfazendo inteiramente a essa criança.

Cursinho sobre cabelos

Quase todos os penteados são possíveis quando os cabelos são sadios. Mesmo os penteados complicados?, perguntará você. Pois olhe, vou lhe dizer o seguinte: até mesmo os penteados simples. Porque penteado complicado disfarça muito o estado do cabelo. E para pentear-se de um modo simples é preciso não ter muito a disfarçar.

O que se usa? Usa-se sobretudo um comprimento médio que tanto dê para usar solto como para enrolar em coque.

Você entenderá muito mais de sua própria cabeleira se souber alguma coisa sobre este personagem: o cabelo. Por exemplo, é claro que no decorrer da vida vamos mudando de cabelos (isto é sempre fonte de esperança). Se tudo está bem no organismo, quando o cabelo morrer, cai, e é substituído por outro. Um cabelo do alto da cabeça dura de cinco a seis anos. Um cabelo das têmporas e da nuca vive uns quatro anos.

Numa cabeleira sadia, caem de dez a trinta cabelos por dia. Os que renascem no mesmo folículo, terão a espessura e o comprimento dos que caíram.

Os cabelos crescem de dez a vinte centímetros por ano. As variações individuais não têm importância.

As mulheres e os homens

De acordo com um recente inquérito, foi feita uma lista das qualidades que as mulheres mais apreciam nos homens, a qual cedemos aos distintos cavalheiros com a esperança de que possam tirar da mesma algum proveito. Ei-la: Gentileza e carinho. Espírito e senso de humor. Interesse pelas pequenas coisas, sinceridade, lealdade, integridade, força moral e física. Em geral não gostam de homens condescendentes demais com elas, nem que sejam conservadores em demasia. Igualmente, não suportam o tipo que vive em meio a contas e números e nem tampouco os que seguram dinheiro com usura.

Será então tudo verdade? Existe disso mesmo?

Certamente. Há homens que preenchem essas qualidades, por incrível que pareça.

Mas existem ainda outras, realmente importantes: Todas as mulheres gostam que os homens reparem nelas. As esposas em geral costumam acusar seus maridos de prestarem mais atenção nas outras mulheres do que nelas mesmas.

E muitas, no fim de vinte anos de casadas, só veem os defeitos do pobre marido, esperando em troca que o mesmo só lhe encontre qualidades.

Seja como for, os homens devem procurar manter o lado melhor, caso queiram levar alguém ao altar e depois estejam dispostos a conservar a felicidade conjugal.

Enjoo no mar

Você vai fazer viagem de navio ou foi convidada para um pequeno passeio de barco – e treme ante a perspectiva de um daqueles enjoos que estragam qualquer prazer.

Há alguns conselhos que talvez ajudem você a não enjoar.

Não se abstenha de comer antes de subir a bordo – estômago vazio às vezes provoca o mal-estar. Experimente também tomar, antes, uma água mineral gasosa. Mantenha o ventre e o estômago agasalhados. Mantenha uma temperatura morna no corpo. Fique ao ar livre. Evite os odores de cozinha, de máquinas – e a vizinhança de pessoas enjoadas. Evite a proa e a popa do barco, procure se manter no meio dele. Não crispe os nervos, relaxe-os.

E, sobretudo, não pense em... enjoo.

Uma boa esposa

Ser uma boa esposa não é apenas, como julgam muitas mulheres, ser honesta, econômica e trabalhadora. É muito comum encontrarmos esposas traídas ou abandonadas queixarem-se: "Eu sempre fui para ele ótima esposa!" Não devem ter sido. Boa esposa é aquela que torna a vida do lar agradável para o marido, fazendo de sua companhia um refúgio para a sua vida de lutas. Se ele chega exausto do trabalho, a boa esposa não lhe azucrina os ouvidos com queixas, fuxicos, ou insistentes convites para cinema, festas ou reuniões de que ele não gosta. Sua casa está sempre limpa e em ordem, mas não exageradamente a ponto de ele não poder fumar um cigarro em paz, não poder esticar-se para ler o seu jornal sossegado. O lar de todos nós deve ser o recanto de paz, amor e liberdade com que todos sonhamos. Se as discussões se multiplicam, o azedume e a hostilidade formam o clima comum, e cada gesto, cada palavra, cada ato é recriminado ou policiado, torna-se odioso. E o homem, como é justo e natural, vai procurar um lar em outra parte. Uma mulher inteligente prende seu marido sem gritos, sem exigências, sem ciumeiras ridículas. Prende-o pelo prazer que lhe dá a sua companhia. Contrariando-o em tudo, fazendo ostentação de sua tola independência, criticando-o diante das amigas, reclamando e exigindo sempre, você está é empurrando seu marido para fora do lar. Lembre-se sempre de que as outras, que poderão arrancá-lo de seus braços, usarão de muito carinho, muita adulação, muita doçura para conquistá-lo. Faça você o mesmo!

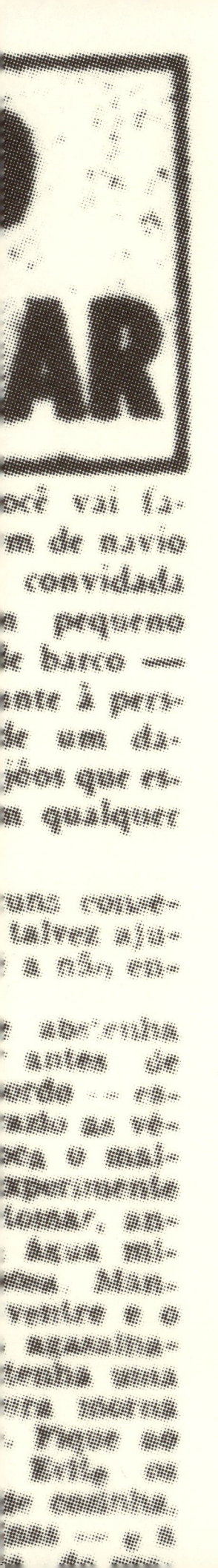

O espelho como conselheiro

Depois de certa idade, a moda parece constituir um problema para muitas mulheres. Mas, segundo Claudette Colbert, há uma solução. E esta começa por um olhar prolongado e honesto ao espelho.

Miss Colbert, conhecida pelo seu charme e bom gosto, aconselha "o estudo da própria imagem". "Você", diz ela, "precisa conhecer suas qualidades, para acentuá-las, e seus defeitos, para corrigi-los".

Na sua opinião, depois de certa idade, é preciso procurar manter a esbeltez ou tentar reduzir o peso até atingir o tipo de silhueta que "enfeita" a roupa. Ela própria procura sempre controlar o peso, e com ótimos resultados.

Outro item importante: escolher roupas que assentam bem, em vez de procurar apenas seguir a moda. Escolher cores que se harmonizam com o tom da pele e cabelos. Outro item importantíssimo: ter uma aparência "bem tratada".

Miss Colbert, exemplo de maturidade chique, prefere pessoalmente os cabelos curtos, as roupas simples, cores claras e decotes que enfeitam. "A gola Peter Pan costumava ser a minha marca registrada", diz, "mas agora uso golas bem maiores e um colar de pérolas. Acho que pérolas emprestam à pele uma qualidade luminosa".

Acha indispensável, como traje básico de um guarda-roupa, ter um bom tailleur. E também um desses vestidos que se usam durante o dia mas que podem ser transformados para a noite mediante a mudança da gola, por exemplo.

Sanduíche de algodão para quem engole alfinetes

Por mais horrível que seja a ideia, é o que uma revista americana, *Family Doctor*, aconselha dar a comer a crianças que engoliram coisas tais como grampo de cabelo, alfinete de fralda etc. O artigo diz que o algodão rodeia o objeto no estômago, impede que cause dano e facilita a sua passagem.

Se a criança é jovem demais para comer um sanduíche, o conselho é dar-lhe pão embebido em leite. E se o objeto engolido ainda está na garganta, se for possível, vire completamente de cabeça para baixo.

Nunca pense que a criança é pequena demais para engolir uma coisa: a capacidade "engolidora" dela é igual à de um adulto.

Por favor, não use:

Cinto largo, de qualquer espécie, nem faixas, se você não tem cintura fina. Muitas mulheres pensam que eles fazem cintura. Engano. Cinto e faixa nunca foram objeto de talha num corpo feminino. São apenas enfeites para quem já tem cintura fina. Nada mais.

"Gordinha"?
"Gordota"?
"Gorda"?

Talvez você, para não ter o trabalho de dieta e preocupações, tenha resolvido que não é gorda – é apenas gordinha.

Desculpe, mas é mesmo? Quantos passos além de "gordinha" você já deu? Cada pessoa tem seu próprio tipo. Mas ser gorda não é tipo; é talvez o tipo engordado. E isso não ajuda a ser sedutora.

Será que você não tem nenhum motivo para querer adelgaçar-se? Quero dizer com isso o seguinte: será que não há nada tão precioso para você obter e que a incentive o bastante a ponto de você considerar bem empregado o esforço de afinar-se?

Está bem, suponhamos que você é apenas gordinha. O que não tem mal. No entanto, há o perigo de você ser "ainda gordinha" – o que significa um futuro progressivo rumo ao "gorda".

Cuidado, pois, enquanto ainda é muito simples tomar cuidado. "Gordota" já não é tão bom como "gordinha". E "gorda" já piora o engraçadinho de "gordota".

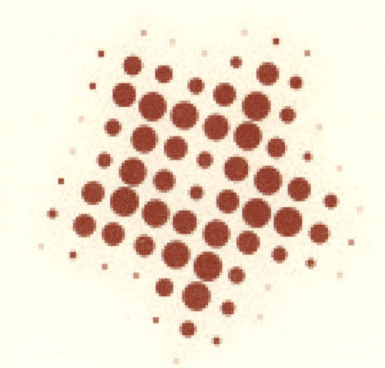

para as que desejam um emprego

Se você está procurando um emprego e é chamada para uma primeira entrevista com seu futuro patrão, não caia nestes erros: não se mostre excessivamente desembaraçada, querendo forçar uma intimidade ridícula; não aparente, tampouco, uma timidez excessiva, respondendo monossilabicamente as perguntas, demonstrando medo excessivo de falar sobre suas próprias qualidades; não se apresente com vestidos provocantes, excessivamente pintada, muitas joias, dando a impressão mais de uma mocinha leviana que de uma auxiliar; mas também não impressione mal com roupas modestas demais, mal penteada, com maquiagem malfeita, que assim parecerá relaxada. Tenha sempre em mente que a primeira impressão é a que perdura. Responda com clareza a tudo que lhe for perguntado, não use de falsa modéstia, não se exiba demais, pareça distinta, eficiente e reservada.

Dinheiro difícil

Muitas de vocês se queixam constantemente de "dinheiro difícil". Tudo caro, as dívidas crescendo a cada momento, e nada de dinheiro. Aonde irão parar? Em um número antigo de *Seleções*, li uma fábula de um rei que comprava tudo a crédito, até que um dia esse crédito lhe foi cortado. Furioso, chamou seu ministro da Fazenda. E a situação se complicou quando este lhe disse que não podia imprimir mais dinheiro, para satisfazer às necessidades de seu rei, sob pena de apressar a inflação do país. Chamou seus economistas, e um deles explicou ao tolo rei que "quando as pessoas tomam emprestado mais do que economizaram, não tarda a haver falta de dinheiro. Somente economizando, haveria dinheiro". Se vocês pensarem sobre isto, e procurarem controlar um pouco mais os seus gastos, verão que a sua situação financeira vai melhorar muito.

Atenção às latas

O aspecto da lata, ou o escapamento de gases quando ela é aberta, são ambos sintomas suficientes para que não se aproveite o seu conteúdo. A intoxicação através de alimentos deteriorados em latas é sempre grave e frequentemente fatal. E uma vez aberta a lata, o conteúdo deve ser sempre transferido para um recipiente de louça, vidro ou plástico, mesmo quando conservado na geladeira.

Beleza em série

Existe uma triste tendência, agravada nos últimos anos, para estandartizar a beleza e os tipos femininos. Influenciada pelo cinema, a mocinha escolhe uma artista de bastante renome e passa a ser o seu carbono. Imita-lhe o penteado, a maquiagem, o riso, os gestos, as modas, às vezes até o tom de voz. Houve a fase das Marilyn Monroe, das Lolobrigidas, das Sofia Loren. A febre agora ainda é das BB, intercaladas aqui e ali por pequenos estágios em Debra Paget, Marisa Allasio e Pier Angeli. Garotas bonitas, que poderiam ser lindas no seu tipo próprio, mascaram-se de caricaturas de francesas, italianas e até suecas famosas. Belezas em série, belezas de catálogo, numeradas, como se adquiridas por encomenda postal. Despersonalizadas, essas pobres imitações jamais conseguem sucesso, pois o que fez a fama daquelas estrelas não foi o cabelo penteado dessa maneira, nem foi o sorriso dengoso de dedinho na boca, nem foi aquele olhar cheio de convites. Foi a personalidade, o talento, a graça, e estas nenhum cabeleireiro, nenhum maquilador, nenhum trejeito, estudado diante do espelho, lhes darão.

Sejam vocês mesmas! Estudem cuidadosamente o que há de positivo ou negativo na sua pessoa e tirem partido disso. A mulher inteligente tira partido até dos pontos negativos. Uma boca demasiadamente rasgada, uns olhos pequenos, um nariz não muito correto podem servir para marcar o seu tipo e torná-lo mais atraente. Desde que seja seu mesmo.

Os homens não gostam das mulheres em série. Se gostam daquelas estrelas é porque as acharam diferentes. Vocês, imitando-as, apenas serão consideradas ridículas.

Por favor, meninas, sejam vocês mesmas!

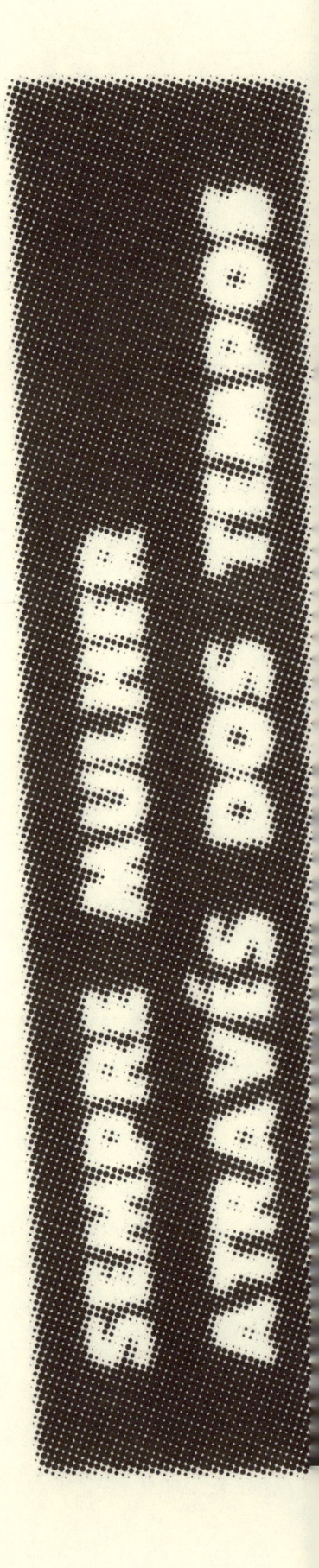

Fumo e café

Quero lembrar a você:

Em forte dose, o tabaco é muito nocivo aos tuberculosos e aos atingidos por males cardíacos. O fumo diminui a memória, provoca a tosse, é responsável pela voz rouca, pela bronquite crônica, pela traqueíte.

Provoca o sistema nervoso, diminui a atividade, acarreta torpor intelectual e enfraquece a vontade.

Pense nisso e resolva fumar menos.

Quanto ao abuso de café, quero lembrar a você que provoca desordens nervosas, dá palpitações. Pode ocasionar dispepsia, enxaquecas, vertigens e afetar fígados delicados. (Estou falando no abuso, e não no uso moderado de café.) Nem crianças, nem nervosos, nem artríticos nem hepáticos se beneficiam com o café. E se você perceber que o apetite diminuiu, que sofre de uma excitação mental que a leva às vezes a ideias negras, ou se sente deprimida ou anêmica – tente diminuir o café. Esta é uma bebida benéfica em dose moderada, e maléfica do momento em que se torna vício.

A criança persegue o perigo

As crianças estão sempre em movimento, ansiosas para pular, e descobrir, experimentar, aprender. Em virtude dessa tendência incontrolável, ficam sujeitas a muitos riscos, que podem redundar em acidentes, às vezes perigosos.

Por essa razão, as crianças precisam de uma proteção constante, de um cuidado todo especial, não devendo os pais proibir-lhes as brincadeiras, mas protegê-las para que os folguedos infantis se deem em local que não ofereça perigo.

Para uma criança que ainda não completou dois anos, e que tem uma tendência irresistível de subir em cadeiras, escadas etc., é conveniente que a mãe prepare uma área de quarto ou sala com colchões, caixotes e outros objetos, para que faça sem perigo suas incursões e subidas.

Os lugares onde as crianças brincam devem ser cuidadosamente examinados. É preciso ver se apresentam condições de higiene favoráveis, se por perto não existem águas estagnadas, insetos perigosos, objetos de metal enferrujados, que possam lhes causar ferimento.

Todos os objetos cortantes devem ser colocados fora de seu alcance, assim como os produtos de limpeza, geralmente explosivos ou corrosivos, e os remédios em geral. Qualquer descuido nesse sentido pode ocasionar acidentes irremediáveis.

A mãe cuidadosa terá uma farmácia completa em casa, com todos os medicamentos de urgência, além de gases e ataduras. Deve ter algum conhecimento de enfermagem de urgência, para aplicá-lo na ocasião necessária. E acima de tudo precisa ter calma para enfrentar a situação desagradável.

Conselhos de minha vizinha

Para acalmar enxaquecas, minha vizinha derrama algumas gotas de limão na xícara de café bem quente, antes de tomá-lo. Diz que é ótimo.

Preparando qualquer massa – seja para torta, seja para bolos ou pastéis – ela amorna um pouco o leite ou água ou qualquer outro líquido que entre na sua composição. Assim, consegue que a massa cresça mais depressa e se torne mais leve.

Diz que maçã combate a insônia.

Ela passa óleo nas solas dos sapatos das crianças, repetindo a operação até que o couro absorva a gordura. Esse processo impermeabiliza o sapato.

Quando ela quer que o assado dê bom molho e mais caldo, acrescenta-lhe um pouco de açúcar. A carne não fica doce, porém verte mais sumo.

Para quem tem medo de falar em público

Um dia desses andei lendo um artigo que me interessou muito. Capaz de vocês gostarem também. É de um senhor chamado Élmer Wheeler, nome que para nós não quer dizer nada, mas parece que nos Estados Unidos é muito conhecido como conferencista.

Pois ele escreveu um livro chamado *De como bani o medo de falar em público*. A essa altura, você estará dizendo: "não pretendo fazer discursos nos próximos trinta anos". Nem eu. Mas acontece que ele dá uns conselhos que servem também para quem não faz discurso...

Ele diz que o nervoso dele passou, que aprendeu a curar a sensação de ter borboletas no estômago cada vez que tinha que se dirigir a estranhos. Ora, com ou sem discurso, de vez em quando a gente se vê nessa situação: diante de estranhos que intimidam a gente (espero que a gente intimide também os estranhos, é o mínimo que posso desejar). O conselho é: inspirar e expirar três vezes, profundamente, antes de falar. Ele acha que diminui a corrida do pulso, acalma os nervos, e dá fôlego.

Outra coisa: falar pausadamente, dando tempo ao ouvinte de absorver as palavras ouvidas. Aprender a arte de usar verbalmente vírgula, ponto final, parágrafo. Aprender a parar um instante antes de anunciar algo mais importante – e parar um instante depois de anunciar.

E evitar a tagarelice, as palavras inúteis... Isto nós podemos tentar, não sei se com muito sucesso...

Mais conselhos de minha vizinha

Minha vizinha diz que o queijo, na casa dela, nunca endurece, porque ela toma o cuidado de envolvê-lo numa gaze molhada em vinagre.

Ela só descasca chuchus mantendo-os debaixo d'água – para evitar que as mãos escureçam.

Nunca há formigas na casa dela. Quando aparecem, faz o seguinte: mistura o pó de café que ficou no coador com um pouco de água. E despeja essa mistura nos lugares onde as formigas costumam se reunir.

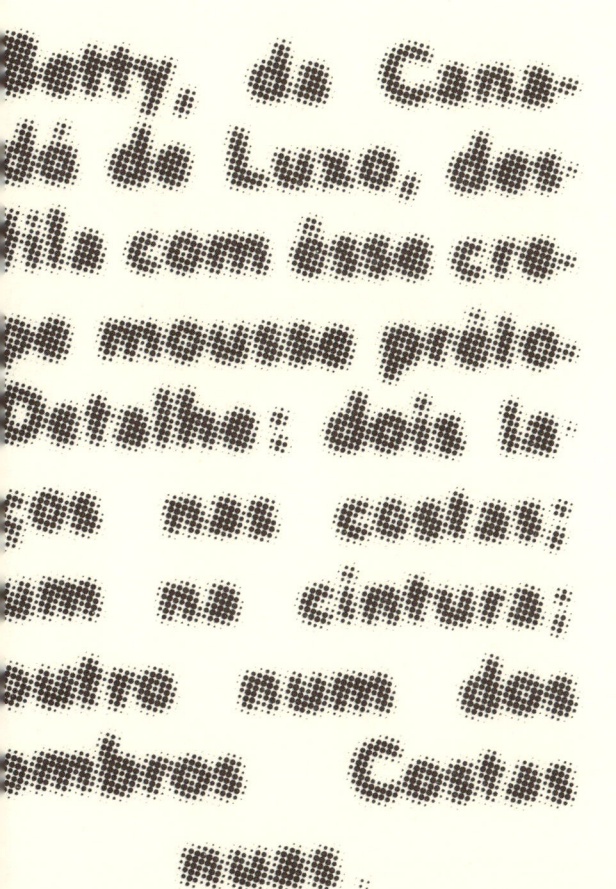

A sedução das joias

Eis aqui para vocês uns conselhos de um grande joalheiro da Place Vendôme, em Paris – e que tanto servem para as joias verdadeiras como para a bijuteria de fantasia:

Pérolas com tonalidade rosada são mais indicadas para as morenas; as louras deverão adotar, de preferência, as brancas.

As louras devem preferir a safira, enquanto que o fulgor do rubi é mais indicado para as morenas. A esmeralda resplandece mais numa pele branca, perto de um rosto emoldurado por cabelos de tonalidades ruivas.

O diamante convém a todas as epidermes. A turquesa – linda quando combinada com ouro ou pedras de cor – adapta-se especialmente às morenas e às ruivas. A pedra "esportiva" é o topázio. Com sua tonalidade de outono, fica particularmente bem com um tailleur.

A moda mal interpretada

Tenho visto muito rosto falsamente cadavérico por aí... Tenho pena quando vejo a moda tão mal interpretada.

Há muita coisa que artista de cinema põe no rosto e que simplesmente não serve fora da tela. Nem em desfiles eu uso certo tipo de maquiagem que só é aplicada por causa das fortes luzes que iluminam os ambientes de filmagem.

Lembrem-se dos refletores usados em sets de cinema ou televisão. Eles alteram a forma do rosto, fazem um jogo de sombra e luz que transformam os traços. É por isso que a gente procura contrabalançar o "desgaste" com truques efetivos.

Mas quando ainda é anormal, seja do dia ou da noite, o truque, além de inútil, é tão contraproducente como o uso de u'a máscara fora dos dias de carnaval.

Vamos ver, por exemplo, o que somos obrigados às vezes a fazer, nós artistas de cinema ou televisão. Para lutar contra os refletores, muitas de nós usam uma base escura nos lados do nariz, de modo a que este, sob a luz forte, não pareça alargado. É sabido que a cor clara alarga, expande.

O mesmo, é claro, poderá ser feito por alguém de nariz naturalmente largo e que deseje afilá-lo.

Mas até que ponto vão seus dons artísticos em matéria de camuflagem? Até que ponto você pode dissimular um defeito sem cair no oposto, isto é, sem acentuá-lo?

Você já imaginou o que representa aos olhos dos outros uma pessoa andando na rua – de nariz escuro?

Ou uma jovem entrando num salão com duas nódoas de pó escuro nas faces – pois pretendera ter aquele "encovado" moderno das artistas de cinema?

Lembre-se de que sua arte de dissimular teria que ser exímia – para enfrentar os olhos alheios. Pois estes, quando não são bons, recorrem a óculos... E você, se estiver "mascarada", fica mesmo exposta. A menos que, diante da curiosidade alheia, você se retire e lave o rosto...

O que você não deve usar

Se você é morena, não use certos tons de verde e fuja do marrom e do bege como o diabo foge da cruz. Evite igualmente o preto, se estiver muito queimada da praia; neste caso, prefira o branco, que realçará e dará vida ao seu bronzeado.

Prepare uma reunião para sábado

Mas a questão é que não há necessidade de fazer desse convite um bicho de sete cabeças. Quanto mais você adiar, maior número de cabeças nascem nesse monstro. Vamos improvisar uma reunião agradável, simples e camarada? E por que não para sábado? Em noite de sábado todos podem divertir-se um pouco mais porque domingo de manhã a preguiça está no ar e é permitida. Vamos comprar algumas bebidas, alguns pães de forma para sanduíches variados. Se você quiser, use as receitas guardadas e que devem estar cheias de poeira naquela sua gaveta de tesouros. Se quiser, use a imaginação. Mas se as receitas são trabalhosas, se a imaginação já foi gasta durante a semana – não há problema: os tradicionais sanduíches de queijo e presunto são sempre bem-vindos. Faça uma lista do que precisa para preparar um ponche leve, compre uns chocolates, castanhas-de-caju ou amendoim torrado, não se esqueça de cigarros. Dependendo do orçamento, substitua o ponche por alguma bebida mais forte e mais animadora. E telefone para os amigos: "Vocês querem vir amanhã à noite bater um papo aqui em casa, depois do jantar? Convidei mais algumas pessoas."

Telefonou? Pois na manhã de sábado prepare os sanduíches, cubra-os com um guardanapo úmido para que não fiquem ressequidos até à noite, prepare o ponche ou as bebidas, arrume a casa, disponha algumas flores nas jarras. Faça o possível para não espalhar seus deveres pelo dia inteiro, senão você terá de noite um ar cansado e sem ânimo. Pois a melhor receita para uma reunião de amigos é a de mostrar prazer em recebê-los. Muitas donas de casa ficam tão afobadas na hora que as visitas chegam que estragam a festinha para os próprios convidados. E também não peça desculpas pelo fato de os sanduíches serem de um modo ou de outro, não se escuse por não ter casa maior e não ter servido peru recheado. Seus amigos aceitam-na como você é, e não esperam de você luxo ou cerimônia: querem uma companhia agradável e uma casa acolhedora.

Impossível?

A maioria das coisas "impossíveis" são impossíveis apenas porque não foram tentadas. Quanta coisa você não faz apenas por timidez ou medo...

Você já experimentou pintar paredes? Pois, acredite ou não, não é necessário tirar "curso" (só um curso de "confiança-em-si-mesma" ajudaria, pois confiança é o que lhe falta).

A tinta, você compra. O pincel, também. A parede, você tem. E duas mãos também. Por incrível que pareça, você é dona dos instrumentos necessários. O que falta mais? Um pouco de ousadia e vontade de se divertir. (E de economizar.)

Problema
"Meu filho não quer comer!"

Encher demais o prato de uma criança é desencorajá-la de início. Tente distribuir os alimentos em vários pratinhos, deixe-a diante deles algum tempo. Troque ou retire os pratos, sem comentários ásperos ou ansiosos. Se ela comer menos durante alguns dias, não adoecerá por isso. E, quem sabe, se você continuar a não lhe transmitir ansiedade, ela passe a comer melhor... Tenta-se, pelo menos.

Um modo muito eficaz de estimular o apetite da criança é o de permitir que ela ajude nos preparativos da refeição: permita-lhe ajudar a pôr a mesa, a dispor as fatias de pão no prato, a mexer um creme etc. Participando desses trabalhos preliminares, ela encarará talvez o alimento como criação também sua, e, portanto, muito mais precioso.

Precaução:
antes de comprar móveis, examine-os

Experimente as gavetas para ver se se adaptam bem e se "correm" facilmente.
Observe as costas das cômodas, por exemplo, para inteirar-se do acabamento.
Veja se os botões e maçanetas são bem desenhados e firmemente presos.
Assegure-se de que a peça pousa toda no chão, sem desnível.
Não queira um verniz que deixa visível qualquer marca dos dedos.
Assegure-se de que os enfeites são realmente decorativos, e não mero depósito de poeira.
Escolha tecidos e forros que possam ser facilmente conservados limpos.
Veja se as portas se abrem sem esforço, e se fecham totalmente.

Romântico ou "laboratório"?

Atualmente, em matéria de decoração de banheiros, há duas tendências: a romântica e a funcional. A primeira trata o quarto de banhos como se fosse um *boudoir*, decora-o com tecidos, tapetes, usa acessórios antigos, mais pitorescos que práticos. A segunda tendência – a funcional – teve em Le Corbusier o principal pioneiro, lá por 1925. É o estilo "laboratório" apenas "personalizado" com o uso de cores. É possível uma infinidade de variações nos materiais de revestimento, nos acessórios, nas pinturas dos aparelhos, nos espelhos, tapetes de plástico ou de algodão lavável.

De qualquer modo: o banheiro de hoje, assim como a cozinha, deve perder sua frieza, seu anonimato, sua banalidade. A beleza se consegue mesmo com orçamento limitado e objetos *standard*.

Uma conversa franca para quem tem filhos gêmeos

Filhos gêmeos não devem ser tratados como uma só criança dividida em duas. É necessário procurar manter a personalidade de cada um. Uma boa norma é vesti-los de modo diferente, deixá-los escolher amigos diferentes. E evitar o hábito de compará-los, mesmo que a intenção seja a de estimulá-los. É preciso que eles sejam amigos e não se considerem concorrentes.

Quando uma criança traz um dever da escola e pede ajuda, o pai ou a mãe devem apenas orientá-la, e não resolver os problemas por ela. Em caso contrário, ela se habituará à preguiça mental, e não aprenderá a usar o próprio raciocínio.

Em caso de doença ou suspeita de doença, chame o médico. Lembre-se de que, por melhor que seja a sua vizinha, ela não está autorizada por nenhum conhecimento científico especial, a receitar... O remédio que fez bem ao filho de sua amiga pode fazer mal ao seu.

O esporte faz bem, física e moralmente. Além de desenvolver harmoniosamente o corpo, ensina a criança a cooperar, a exteriorizar-se, a dominar seus impulsos agressivos.

Pelo fato de seu filho já ser um homenzinho ou de sua filha já ser uma menina-moça não creia que sua tarefa terminou. É na época da puberdade que as crianças mais precisam de compreensão e de camaradagem. Nesse período de turbulência e de hipersensibilidade, é preciso perdoar muitas faltas, muitos descuidos. É também uma fase de vaidade e egoísmo. Ajude o adolescente a manter uma boa aparência. Cuide de sua pele, muitas vezes alterada. Cuide de suas leituras. É nessa idade que o espírito está mais aberto a influências.

Tapetes: Cores

Em matéria de tapetes, é aconselhável deixar que predomine uma cor – ou então um grupo de tons bem combinados.

Tenha em mente o quarto no qual pretende usá-lo, e não tente "combinar" a cor do tapete com as cores do aposento – e sim "complementar" com o tom do tapete as tonalidades do ambiente.

Não há nenhuma lei geral para cor de tapete. É questão de exame e bom senso. Por exemplo: vermelho-púrpura e vermelho escarlate não combinam bem quando juntos em grandes pedaços de material – mas misturam-se otimamente, um avivando o outro, quando trabalhados em tiras e laçadas.

Um aposento de cores muito vivas pode ser "adoçado" com tapetes de cor *taupe*, cáqui, ou com tinturas de coloridos complementares. Lembre-se, porém, de que o colorido dos tapetes descora rapidamente à medida que se anda sobre os mesmos.

Companhia

Não, G. B., você ainda não experimentou tudo o que a vida pode dar, como diz na carta. Você ainda não experimentou a doçura da companhia: de ter companhia e de dar companhia. Você espera que chamem você, que insistam, como se os outros fossem deuses dadivosos. Não se esqueça das inúmeras pessoas ainda mais tímidas e solitárias do que você, e que esperam um sorriso para se aproximarem. Não se esqueça de que uma das maiores alegrias da vida está nesta palavra simples: convivência.

Penteados modernos

Existe ultimamente uma acentuada tendência para o exagero nas roupas, na maquiagem e nos penteados. Exagero no sentido de não obediência aos tipos, idade, local e hora próprios para uso do que está em moda.

Os penteados, por exemplo. Brigitte Bardot lançou a moda dos cabelos longos artisticamente desarrumados, caindo sobre os olhos, num falso desleixo encantador. Brigitte Bardot é uma estrela de cinema, e suas fotos são tiradas para publicidade, não são instantâneos de sua vida particular, e o penteado idealizado por ela visava criar-lhe um tipo. As nossas meninas entenderam que essa era a maneira de parecerem provocantes tanto quanto a vedete francesa, e aboliram os pentes, deixaram crescer as madeixas, e ei-las, a caminho do escritório ou das aulas, longas cabeleiras despenteadas sobre os olhos, a testa, com a desagradável aparência de que acabaram de sair de um ringue. Ao invés de atraente, isso é ridículo. Existem as que vão ao outro extremo. Sempre penteadas como se fossem a uma festa, penteados bonitos, modernos, mas nem sempre próprios para uma viagem de pé no ônibus cheio que as leva ao seu emprego ou à escola. As mocinhas geralmente preferem sempre os penteados sofisticados e embora não causem a mesma impressão desagradável das "Bardot" desalinhadas, não estão também sendo elegantes. Estariam muito melhor com os cabelos penteados porém mais esportivamente, penteados simples, sem rebuscamentos, sem mechas formando o que elas julgam provocantes "pega-rapazes". A simplicidade ainda é companheira inseparável da elegância. E minhas leitoras de 17 anos podem crer na minha sinceridade quando afirmo que o maior encanto da mocinha "antes dos 20" é poder dispensar a maquilagem pesada, é ser bonita mesmo com os cabelos curtos, soltos, os olhos com brilho apenas da mocidade.

A hora de dormir

Quando a criança chega aos três anos, começa a relutar em ir cedo para a cama. Deseja participar das atividades de casa, uma vez que está física e mentalmente mais ativa.

No entanto, não se iluda, julgando que a criança, por estar viva e travessa, não tem necessidade de ir cedo para a cama. Pelo contrário, sua atividade apenas prova que está muito excitada e precisa de repouso.

Marcada a hora de deitar, não faça concessões. Ajude-a a arrumar os brinquedos, faça com que ela dê boa-noite aos presentes, e acompanhe-a ao quarto. Converse alegremente com ela, faça sua toalete de noite e meta-a na cama. Se ela preferir, pode dar-lhe um copo de leite morno.

Seu petiz poderá reclamar um pouco, mas acabará se acostumando com o horário noturno. E poderá desfrutar um sono longo e reparador.

Felicidade conjugal

Uma coisa é certa: o amor cega tanto quanto o ódio e muitos casais após o casamento, quando finalmente são obrigados a encararem a realidade, chegam à tristíssima conclusão de que se enganaram redondamente na escolha. Quando um rapaz ou uma moça comparecem ao altar, antes dos 19 anos, o casamento tem dez vezes mais probabilidades de malogro do que se fossem ambos uns 5 anos mais velhos. Houve mesmo um caso de uma jovem, que depois de casada há algum tempo, descobriu que era emocionalmente alérgica ao marido (tem disso também!). Cada vez que se aproximava dela, sobrevinha-lhe uma desconfortante urticária.

Aliás, apenas um casal em seis se considera tão feliz quanto desejaria ser. Um casal em vinte se sente realmente infeliz. A maioria fica entre esses dois grupos e cerca de oitenta porcento é, mesmo, moderadamente feliz.

Os entendidos no assunto costumam dizer que os casamentos mais felizes são aqueles em que impera um sentimento de camaradagem, compatibilidade amorosa e mútua determinação de fazer com que o mesmo tenha êxito.

Pelo menos dois desses ingredientes devem estar presentes, para que o casamento tenha possibilidades de sucesso e seja razoavelmente feliz.

Festa de casamento

Se vocês gostam de obedecer à etiqueta e estão pensando em ficar noivos e casar, aqui estão algumas regras simples para as cerimônias de noivado e casamento: o pedido de casamento deve ser um acontecimento importante. À noite, os pais do noivo, em companhia do filho, fazem uma visita, anteriormente marcada, aos pais da noiva para fazer o pedido. A noiva não deve estar presente à entrevista. Será chamada depois para dar o "sim". Está selado o noivado, que pode ser comemorado com uma pequena reunião íntima e uma taça de champanha para brindar aos noivos. Cabe ao rapaz, assim que resolvido o compromisso, chegar ao pai da moça e expor-lhe a sua situação, combinar detalhes sobre como e quando pretende realizar o casamento. Deve também oferecer à noiva a aliança ou outra joia qualquer.

Chegada a data do casamento, os convites serão distribuídos, com uma antecedência de vinte dias, aos parentes e amigos.

A cerimônia do casamento é conhecida de todos, e também seus detalhes e etiquetas. Convém sempre lembrar, porém, que o noivo deve chegar antes da noiva à igreja, e esperá-la junto ao altar. Ela chegará pelo braço do pai ou, na falta deste, do irmão, um tio, ou parente. Terminada a cerimônia, após receber os cumprimentos no hall da igreja, sai o jovem casal, tomando o primeiro carro do cortejo de volta, seguido pelos carros dos pais dos noivos, dos padrinhos e depois os dos convidados.

Na volta da lua de mel é obrigação dos nubentes visitarem as pessoas que compareceram ao seu casamento, oferecendo-lhes a sua residência.

Depois da festa

Se você dançou demais, divertiu-se demais, livrou-se da tristeza acumulada, agora, ao voltar da festa, trate um pouco de si mesma.

Se os pés estão doendo, cansados, banhe-os em água morna: deixe-os mergulhados durante alguns minutos. Enxugue-os bem, polvilhe-os com talco e depois estenda-se no sofá ou na cama, colocando os pés mais altos que a cabeça. Besunte o rosto, previamente limpo, com um creme refrescante.

Feche os olhos. Relaxe os músculos. Poderá colocar sobre os olhos duas compressas de algodão embebido em água boricada para ajudar a aliviar a vista também.

Procure esquecer tudo: a excitação do que passou, os problemas que estão à sua espera, ainda, os compromissos. Esvazie a cabeça, largue o corpo todo sobre o colchão, em posição bem confortável. Se possível, faça isso com o aposento em penumbra. Agora, deixe os minutos passarem. Se sentir sonolência, entregue-se a ela.

Uma hora de repouso assim será tão salutar à sua saúde como à sua beleza. Você se sentirá jovem, outra vez, bem-disposta, animada. Os sinais de cansaço desaparecerão do seu rosto, o brilho voltará aos seus olhos.

Ao levantar-se, faça uma ligeira massagem com o creme que ficou em sua pele. Se não tiver compromissos para sair, deixe o rosto descansar de pinturas e cosméticos. Retire o creme, lave o rosto e deixe a pele respirar limpa e fresca.

Nunca permita que o cansaço a atire na cama antes de limpar a pele. Isso a prejudicará muito. Se pôde dançar tanto, rir tanto, pode fazer mais esse pequenino esforço para proteger a sua beleza. Não custa nada e esses minutos podem significar muito para a sua aparência.

Dourar-se na praia

As sardas? São uma pigmentação anormal da pele. Que se aconselhar a respeito delas? Falar a verdade: para evitar sardas o único meio eficaz é não se expor ao sol.

Mas quem tem tendência a sardas não vai, por isso, se proibir do gosto do ar livre. O jeito é ultrapassar depressa o estágio das sardas: com mais sol. O próprio bronzeamento cobre tudo, camufla tudo. E, quando acabar o verão, se as sardas não desaparecerem, o jeito é fazer peeling. O que só pode e só deve ser feito por pessoas especializadas e competentes.

Que dizer mais a respeito de sardas? Que se pode ser linda e ter sardas. Que sardas podem dar uma graça toda especial. Que sardas podem lhe dar um ar "garoto" – o ar dos franceses – e enfeitar muito. Quem pega sardas, que as pegue em paz. Quem tem sardas, que as tenha em paz.

Valorize seus olhos

Os olhos sempre foram motivos de inspiração para os poetas e músicos, que cantam a beleza da mulher amada. Olhos grandes ou pequenos, verdes ou castanhos, arredondados como os de boneca, ou amendoados como os das orientais, todos eles são cantados nas canções apaixonadas.

Nos tempos modernos, os olhos continuam despertando o mesmo entusiasmo da parte masculina, sem, no entanto, chegar aos ardores da serenata e dos versos, coisa que a época não comporta mais. No entanto, você, minha leitora, gostaria de inspirar com seus lindos olhos um poema, uma música, ou mesmo, uma simples declaração de amor... Gostaria, porque é mulher!

Nada mais natural que a mulher, sabendo o tesouro que possui, procure conservá-lo e embelezá-lo. Todos os cuidados são poucos para essas joias tão úteis, tão belas e tão inspiradoras...

Seus cuidados devem ser diários. Devem consistir em não deixar que os olhos trabalhem um tempo demasiadamente longo sem que tenham um descanso de pelo menos alguns minutos, fechados, ou fitando um ponto distante. Quando estiverem cansados, depois de um trabalho exaustivo, um ótimo restaurador da vista é a compressa de chá forte, frio, sobre os olhos alguns minutos, enquanto descansa num quarto escuro.

Os olhos devem ser valorizados ao máximo. De dia, use apenas um pouco de máscara, tenha os cílios bem escovados e aplique creme para os cílios, ou sombra. Se desejar alongar a linha dos olhos, risque com lápis de olhos, em redor dos cílios, uma linha finíssima, terminando no canto dos olhos, com um traço que sobressairá, para cima. As sobrancelhas ligeiramente cheias, na cor que combine com sua tez. Não use sombra verde ou azul, durante o dia, mesmo que seja loura. Reserve esse recurso mais ousado para a noite, do contrário parecerá ridículo. Mais do que os cuidados de maquiagem com os olhos, o que importa é ter um olhar suave, compreensivo e luminoso. Tudo isto se consegue, de dentro para fora. Os pensamentos bons, humanitários, os ideais elevados, e, sobretudo a bondade, imprimirão ao seu olhar aquele ar inconfundível de encanto e juventude que nem os anos e as rugas conseguirão esconder.

Viver mais... E ser mais jovem

Sobre a vida humana, disse o dr. John Harvey Kellog: "Comam duas vezes menos, durmam duas vezes mais, riam quatro vezes mais, e viverão tanto quanto Matusalém." Um dos maiores inimigos, portanto, não apenas da vida longa como da juventude é a nossa alimentação. Alimentação mal controlada e mal digerida, excesso de gorduras que envenenam o sangue e provocam relaxamento das funções endócrinas. Resultado: velhice! Mas não apenas a intoxicação física provoca a velhice. Também a moral. Ou melhor, as preocupações obcecantes, os rancores inúteis e cultivados, a inveja, a irritabilidade, o ciúme doentio. Tais sentimentos provocam rugas profundas, olheiras, apagam a alegria e o brilho dos olhos.

Mas... você pode conservar-se jovem, por muitos e muitos anos. A mocidade é uma atitude positiva. Não é fugindo da velhice, tentando fingir que não a sente nem a conhece, que a evitamos. Mas enfrentando-a com as armas da inteligência e do bom tempo. Como? Agindo assim: – Não cultive lembranças desagradáveis. – Não se abandone à inatividade, ausente de vida e seus problemas. – Cuide de sua alimentação, que ela seja rica em proteínas, racional, excluindo dela, o mais possível, as gorduras, o álcool, os alimentos que lhe provocam prisão de ventre e engrossamento do sangue. – Apresente-se fisicamente bela, dentro da condição de mulher vivida e não se ridicularizando fantasiada de jovem de vinte anos. – Cultive o bom humor e a alegria de viver.

Resposta às leitoras

Você me escreve dizendo que não gosta mais dele. É verdade? Não se precipite em julgamento. Há períodos, mesmo na vida conjugal mais harmoniosa, em que não é o amor o que predomina. Seja paciente. O fato de você não se sentir apaixonada não quer dizer que tenha deixado de gostar dele. Se você soubesse que seu marido gostava de outra, ou se ele estivesse doente... você não sofreria? Talvez você esteja se lamentando de excesso de tranquilidade. Aposto como você tem muito tempo de lazer, aposto que "não sabe o que fazer de seu tempo". O ócio e o tédio inspiram os pensamentos mais desanimadores. Não estrague sua vida com sonhos impossíveis e falsos.

Quanto a você, Maria Cristina, queixa-se de que "faço tudo para agradar... vivo metida em casa... e ainda assim..." E ainda assim seu marido não reconhece seus esforços e diz que você não entende de nada, que ele precisa de amigos para conversar etc. Em primeiro lugar, é preciso que eu lembre a você que, pelo fato de ser casado, ele não deixa de ser um ente sociável, não deixa de ter sua profissão e de gostar dela, não deixa de precisar de divertimentos. Depois, quero lhe dizer mais isso: há homens que adoram ver sua mulher na cozinha a fazer bolos e comidas, metida em casa a arrumar e embelezar seu lar. Há outros que, embora gostando de ver o interesse da esposa pela casa, preferem uma companheira que participe mais de sua vida. Pelo visto, seu marido é deste tipo. E parece-me que você sabe disso. Você tem direito de ser como é. Mas não creio que você seja assim para agradar a ele. Você se esgota a trabalhar em casa para agradar a ele ou a você mesma?

Não exagere

Dizem que aconteceu mesmo. É possível, se bem que difícil. Mas você mesma julgará.

Trata-se de um casal muito feliz, desses que vivem pensando num modo de ser ainda mais feliz. Desses que, ao se verem num espelho, sentem-se até encabulados de representar de tal modo um exemplo para o mundo tão errado em casais. Rotina? Jamais: é preciso quebrar a rotina. (Esse casal vive bastante cansado, mas enfim o que importa é mesmo ser um casal perfeito.)

Como bom marido, ele é marido solícito. Como boa esposa, ela se dedicou a agradar o marido.

Pois me disseram – não sei se acredito – que um dia o marido entrou em casa e encontrou no apartamento uma mulher estranha.

— Você não me reconhece? – perguntou a moça. – Sou sua mulher! Sua mulher Carminha! Que é que há com você, meu amor?

O marido não podia recuperar a fala. Gaguejou como pôde:

— Mas... mas que é que você fez com você? Você até me lembra...

— Foi tudo para agradar você. Eu quero ser a esposa mais maravilhosa do mundo. Quero parecer com artistas de cinema.

— Está certo... Mas com Yul Brynner!?...

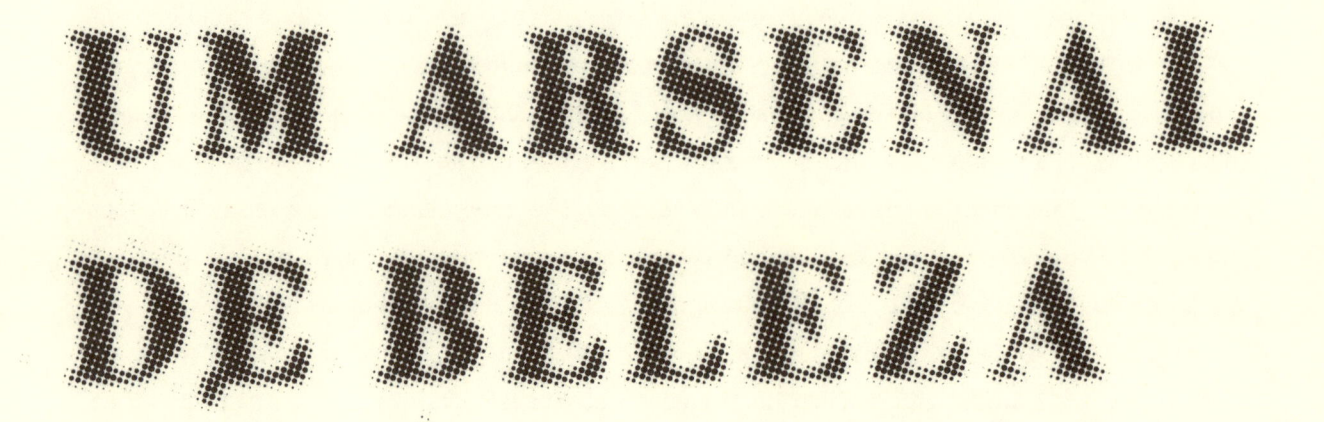

UM ARSENAL DE BELEZA

A gordura em excesso... E as glândulas

Nem sempre o distúrbio das glândulas provoca a obesidade, mas a obesidade traz sempre o distúrbio glandular. Para você, leitora, que se acha apenas "cheinha" de corpo, a palavra obesidade deve parecer monstruosa e sem qualquer ligação com a sua pessoa. Saiba, porém, que todo obeso foi alguém "cheinho" de corpo que não soube ou não teve força de vontade para parar quando devia. Métodos para emagrecer ou manter o peso há diversos, uns mais, outros menos eficientes. A ginástica, por exemplo, é o mais difícil e, sejamos francas, o menos satisfatório. É fácil perdermos alguns quilos com exercícios que durem horas, mas recuperaremos esses quilos logo, ou comendo ou bebendo água, ou apenas relaxando os tais exercícios.

O melhor exercício mesmo, o método mais seguro para fugir à obesidade, é a seleção dos alimentos. Parar no momento em que deve parar, por mais saboroso e atraente que seja o prato à sua frente. Escolher para o seu menu especialmente saladas, temperadas com limão, caldos ou sopas ralas, com pouco sal, carnes magras, de preferência cozidas ou grelhadas, peixes assados na grelha, lagostas, mexilhões, ostras, sem molho, claro! Os miúdos constituem os melhores alimentos, como fonte natural de proteínas, e não engordam: também os ovos cozidos, o leite magro ou desnatado, vegetais, como o espinafre, vagens, nabos, aipo, abóboras, repolho e as frutas.

Alimentando-se assim, você está não apenas armazenando saúde no seu organismo, mas também ajudando a sua elegância. Ser esbelta, bonita e saudável. Este deve ser o objetivo da mulher moderna e inteligente. Esbelteza não é magreza, é equilíbrio de peso, de acordo com a sua idade e a sua altura. Beleza é o conjunto formado por uma pele macia, cabelos sedosos, olhos brilhantes, dentes claros. Saúde é, ao mesmo tempo, o resultado e a causa das outras duas qualidades femininas.

Cursinho de emergência

O preço da beleza é, com perdão pela grandiloquência da frase, a vigilância eterna. Como se vê de imediato, "vigilância eterna é coisa que leva tempo. Não digo que leve uma eternidade". Mas quase isso. O que vale é que essa quase eternidade é distribuída "pouco a pouco" de modo que não se sente, e também dá tempo para fazer outras coisas.

Mas acontece que nem todos os dias são iguais, e há muitos em que o tempo corre tanto que não há como alcançá-lo – senão à última hora. Quando se dá fé, está "ao mesmo tempo" na hora de sair e na hora de se aprontar. Todo preparo tem, então, que ser feito às carreiras – tipo socorro de urgência. Daí este nosso cursinho de emergência. Mas hoje falamos tanto que o espaço só nos permite também o uso da emergência: um conselho rápido. Ei-lo:

Você tem menos de uma hora para arrumar o cabelo que está sem jeito nenhum. Use essa hora de um modo racional, em vez de aplicá-la no desânimo ou "desespero". Enrole os cabelos nos devidos rolos. Mas não use água. Cada mecha, separada para ser enrolada, você deve borrifar com laquê – e imediatamente enrolar, enquanto a umidade está ali. Faça isso, mecha por mecha. Amarre um lenço na cabeça. Quando estiver toda vestida e maquiada, tire os rolos. O cabelo pode lhe parecer duro, mas uma escova e um pente farão o penteado que você quiser. Esta aulinha valeu de fato, você não acha? Mas lembre-se de que isso não pode ser repetido todos os dias: qualquer socorro de emergência deve ser usado apenas em caso de emergência.

Conversinha com as "grisalhas"

Pois é: o cabelo grisalho é muito distinto. Mas, na minha opinião – é distinto mesmo para os homens de negócio...

Há tanta gente que "embranquece" cedo, antes mesmo de a idade justificar. E, por mais "distinto" que fique, não há mulher que deseje aparentar mais idade do que tem. Uma sessão no cabeleireiro em geral aumenta bastante a autoconfiança e o bem-estar das mulheres que se tinham resignado a ser... distintas e envelhecidas.

Mas não procure tingir os cabelos em casa: o efeito poderia ser desastroso. É economia mal aplicada. O melhor é entregar seus cabelos às mãos de um especialista de confiança: ele não decepcionará você.

Juventude

Há um lembrete interessante que diz: "Lembre-se de que nunca será mais jovem do que é, mas só você pode decidir quanto tempo se conservará jovem." Partindo daí, você concluirá que os cuidados que tiver com sua pessoa e mais que isso, sua atitude mental, contribuirão decisivamente para você se conservar bela e longe da velhice. É preciso, no entanto, muita perseverança, de sua parte, para conseguir continuar o programa de beleza que você se comprometeu a realizar.

Esses vestidos colados ao corpo...

...São horrorosos! Um vestido justo modela um corpo bonito. Um vestido "colado", desses que chamam a atenção na rua, provocam assobios da garotada, geralmente até enfeiam a silhueta feminina. Sim, porque apertam-lhe as carnes, denunciam cada movimento. São deselegantes, em resumo. Os vestidos devem modelar os quadris, o busto, marcar a cintura, acompanhar as curvas sem acentuá-las. Os vestidos excessivamente apertados, além de servirem para acentuar qualquer pequena imperfeição do talhe, denuncia mau gosto e vulgaridade de quem o está usando.

Não se preocupe demais

Procure controlar-se para se curar desse mal que é a preocupação. Mal, não somente porque lhe afeta a saúde, como lhe encurta a vida e... lhe prejudica a beleza. Vício terrível, a preocupação descobre fontes de apreensão onde não existem, inventa perigos, cria problemas. Seus nervos afetados, estragam-lhe o bom humor, rugas, embranquecimentos de cabelos, manchas na pele, tudo enfim sofre modificações para pior, em você. Evite isso, usando a terapêutica da autossugestão.

O "preto" sempre elegante

Os vestidos pretos não caem de moda. Continuam representando o que há de chique e distinto em tailleurs, em blusas ou saias, e em toaletes noturnas. O vestido preto decotado, porém, apesar de elegantíssimo, continua privilégio das reuniões noturnas. Usá-lo durante o dia, em lugares mais próprios para roupa esporte, é gafe.

Almôndegas russas

Receitas

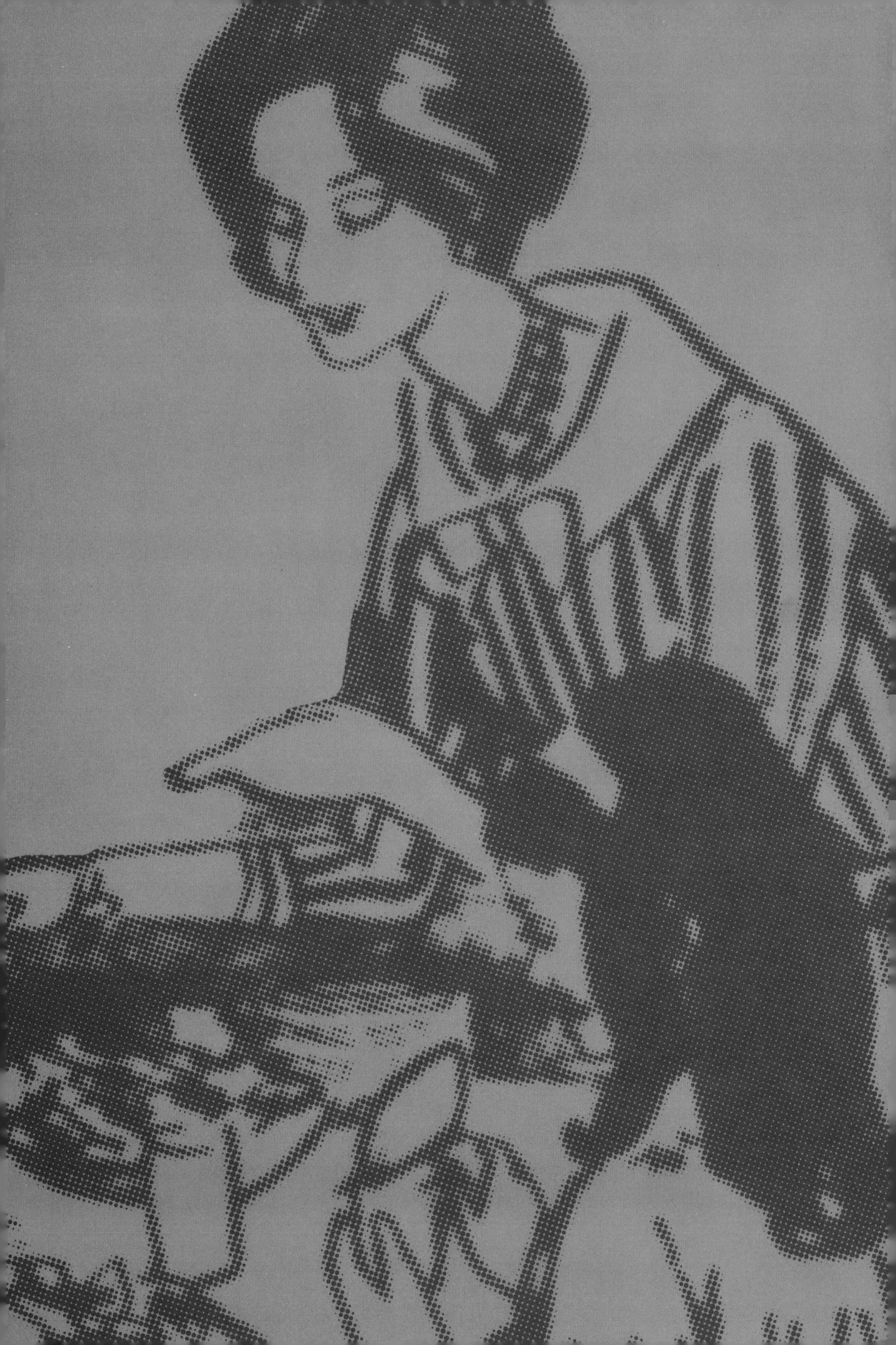

Poções embelezadoras

Você mesma poderá ser a feiticeira que prepara as poções milagrosas. Para males externos, remédios internos.

Se sua pele é macilenta, sem vida, envelhecida, tome pela manhã em jejum – durante 15 dias – um copo da seguinte mistura: 1 colher de sopa de melado ou de açúcar escuro com um copo de suco de ruibarbo fresco.

Palidez

Para dar vida a uma pele pálida, tome 3 copos por dia desta bebida que contém todas as vitaminas, minerais, enzimas e clorofila de que você precisa:

Corte, em partes iguais, aipo verde-escuro, cenouras, maçãs (das bem vermelhas). Passe tudo no liquidificador. Se não tiver um, use um espremedor de batatas ou de frutas.

Pele crestada, seca

Gaylord Hauser, o famoso especialista de pele, criou esta poção ótima: um ruibarbo descascado, morangos frescos (dois terços de ruibarbo para um terço de morangos). Esprema, adoce com 2 colheres de mel.

Pescoço – "haste" da cabeça

Nenhuma flor pode ter corola bonita se a haste que a sustenta for feia. E cabeça nenhuma será atraente se o pescoço que a sustenta como pedestal for desagradável aos olhos.

O principal, para a beleza do pescoço, é seu aspecto liso, a cor uniforme, o contorno firme, a pele brilhante.

Um mês de tratamento – com duchas filiformes, correntes elétricas, ginástica especial, alta frequência dirigida, ionização – rejuvenesce um pescoço envelhecido.

O que você pode fazer em casa e sozinha: para a volta da tonicidade dos músculos, o uso de uma escova macia, "trabalhando" em movimentos circulares, na hora do banho. Massagens: de baixo para cima, com palmadinhas dadas com as palmas das mãos.

As sardas

As sardas têm seus encantos. A certas louras acrescentam um ar brejeiro e picante. Mas, nas morenas, as sardas perdem todo o atrativo e dão a impressão de uma pele até (oh, horror!) pouco limpa. Uma maneira eficaz de ver-se livre delas é a seguinte:

Misture 2g de amoníaco com 3g de água oxigenada de 20 volumes e suco de 1 limão. Aplique essa mistura 2 vezes por dia, deixando-a secar no rosto. Em seguida, lave bem o rosto para evitar irritações da pele e complete o tratamento com uma camada de um creme emoliente.

Laboratório de feitiçaria

Em casa mesmo você poderá fabricar seus cremes de beleza, como uma feiticeira moderna que faz sozinha seu elixir de longa juventude.

Feiticeira quase sempre trabalha com fogo. Você também, tanto que a cozinha será o quartel-general. Também porque lá se encontra o liquidificador – outro instrumento da feiticeira moderna.

É no fogo, por exemplo, que você preparará um xampu especial para cabelos gordurosos. Receita fácil: derreta 10 cm de sabão de coco (em barra) em ½ litro de água morna, acrescente 100g de glicerina líquida. Deixe esfriar – e então adicione o suco de 1 limão.

Aproveitando o que é velho

Você provavelmente tem em casa uma dessas malas de cabina, desses baús enormes, feios, velhos... Você nem sabe onde escondê-lo. Até esconder é fora de mão. Jogar fora? Mas você pensa que um dia pode precisar e não tem coragem de se desembaraçar dele. Então... use-o.

Cubra-o com uma manta ou reposteiro ou coberta, com ou sem franzidos. Disponha em cima umas três ou quatro almofadas de cor bem viva, berrante mesmo – e eis um sofá prático e decorativo.

Mas, por favor, não se esqueça de estofar a tampa da mala ou baú. É horrível a gente pensar que vai sentar-se no macio, largar-se, e levar um desses sustos que a gente não perdoa à dona da casa.

Chame o novo móvel de "sofá armário". Sim, porque dentro do sofá você guardará tudo o que não usa diariamente.

Evitando pressão alta

A vitamina P é beneficiadora das veias e artérias, evita derrame e pressão alta. As boas fontes de vitaminas P são os pimentões verdes, as frutas cítricas, principalmente casca de limão e de laranja.

Para a preparação do extrato dessa vitamina, corte em fatias 3 limões com casca, 1 laranja com casca – e mergulhe-os em 1 litro de água. Deixe ferver por 10 minutos. Acrescente 2 colheres (de sopa) de mel, deixando no fogo para ferver mais 5 minutos. Escorra, e deixe esfriar. Tome três copos por dia.

Para conquistar seu homem

Já é clássico dizer que um dos modos de conseguir a admiração de um homem é saber cozinhar. Parece até o ditado sobre peixe que morre pela boca.

Um bom jantar serve de isca? É o que dizem. E é certo que um marido fica realmente agradecido – mesmo que não o diga – quando sua mulher recebe bem as pessoas que ele convida. Para completar esse "recebe bem", você poderia aprender a preparar algum coquetel. Será uma surpresa para ele, e motivo de admiração: mulher que também sabe preparar um coquetel sabe realmente receber. Vou dar a você algumas receitas famosas:

Coquetel Presidente – Misture numa coqueteleira uma parte de rum, outra de vermute seco e umas gotas de grenadina. Gelo picado e algumas lascas de casca de laranja.

Coquetel Bamboo – Um terço de vermute italiano, dois terços de jerez seco e umas gotas de orange bitter.

Four Dollar Cocktail – Uma terça parte de rum, uma terça parte de vermute seco, uma terça parte de vermute doce. Gelo picado. Agite bem.

Daiquiri – Uma colherada de açúcar, 1 cálice de rum, suco de 1/2 limão. Agite bem com gelo picado.

Satanás – Uma parte de vermute italiano (doce); uma parte de vermute francês (seco), uma parte de gim; uma parte de sumo de laranja; 1/2 parte de licor de laranjas amargas; umas 10 gotas de bitter. Muito gelo picado. Bata bem.

E um conselho: enquanto estiver preparando, evite provar a todo instante. Provar muito uma bebida não é como provar comida; o resultado se torna visível quase que imediatamente.

Lavar sem água

Muitas vezes – por estar resfriada ou por não ter tempo – você preferiria não molhar os cabelos, ao lavá-los. Se pudesse mandar a cabeleira a uma lavanderia, com a recomendação: "Lavagem a seco"... Pois você conseguirá isso, e em casa mesmo.

Eis a fórmula:

pó de íris	10g
pó de licopódio	10g
óxido de zinco	10g
enxofre precipitado	10g

Com essa mistura empoe bem os cabelos, mecha por mecha, camada por camada. Esfregue bem. Em seguida escove com vigor, até que desapareça qualquer vestígio de pó.

Sono agitado & peso

Para sua insônia, Margarida, experimente esta receita simplíssima, de um grande médico americano. Não serve só para a insônia completa: serve também para quem tem "sono raso", daqueles que somem ao menor ruído. Ou para sono agitado, com tendência a pesadelos. A "mistura" você deve tomar já na cama, já deitada, já confortável: bata 2 colheres (das de café) de melado numa xícara de leite bem quente. É só isso? Só isso. Mas ajuda mesmo.

Quanto a seu peso, Clara, explicarei de um modo geral o seguinte: o peso que você tem aos trinta anos não deve mais variar, até o fim da vida. Entre vinte e trinta anos, é permitido engordar de 1 a 3 quilos, mais ou menos. Agora, não se esqueça do seguinte: arriscar a saúde, e também a juventude, para emagrecer, é um preço elevado demais. Seja sensata.

Receita de juventude

Você mesma poderá preparar sua receita de pele jovem. Trata-se de uma máscara que, por assim dizer, "passa a ferro" seu rosto, alisando-o, fechando-lhe os poros, clareando-o.

E agora passemos à fabricação do preparado:

Bata, juntos, 1 clara de ovo e o suco de 1 limão. Leve-os, depois de bem batidos, ao fogo brando, deixando cozinhar até conseguir uma consistência untuosa.

Enquanto a mistura ainda está quente, espalhe-a pelo rosto e pescoço. Deixe permanecer por uns 20 minutos. Depois do que, retire-a com um pouco de água morna, seguida de abluções frias abundantes. Para que seja mais fácil retirá-la, passe, antes de sua aplicação, um mínimo de creme pelo rosto.

Se, depois de retirada a máscara, você sente a pele "repuxar" ligeiramente, faça uso de creme hidratante, desses que são logo absorvidos.

Olhe-se agora ao espelho, e admire-se.

O que você pode fazer por você

Carne crua

Não, você está enganada: ninguém está querendo que você coma carne crua. A carne crua é para seu rosto...

Está estranhando? Pois eis uma receita "quase" culinária de beleza. Misture cem gramas (100g) de carne crua – moída bem fininha, com cem gramas (100g) de óleo de amêndoas doces, e mais uma clara de ovo bem batida.

Aplique no rosto, cobrindo toda a pele. Deixe ficar por uma hora, e retire com água fresca. Essa receita é antiga, comprovada, e muito eficaz.

Pele tranquila

Pepino é coisa boa para tirar do rosto o ar congestionado. Misture 1 colher (das de sobremesa) de suco de pepinos (frescos), com 1 colher (das de chá) de clara batida em neve. Vá juntando (gota a gota) 20 gotas de água de rosas e 20 gotas de tintura de benjoim. Ponha a mistura numa compressa, dobre-a em cataplasma, aplique no rosto e deixe que a máscara trabalhe no seu descongestionamento durante 20 minutos.

ABC das mãos

Para ativar a circulação: escovar as mãos várias vezes por dia.

Para torná-las claras: fricção com sumo de limão.

Para tirar cheiro de alho: fricção com borra de café.

Para evitar a transpiração: lavagem com sabão de tanino.

Contra inchação: aplicação de parafina quente, com pincel.

Contra vermelhidão: banho com 100g de sal grosso para 1 litro de água quente.

Contra o ressecamento: banho morno de óleo de oliva, 1 vez por semana, durante 15 minutos.

Contra o tom amarelado: banho de água quente misturado com pó de mostarda.

Poção emagrecedora

O grande nutricionista americano Gaylord Hauser "criou" esta poção para as que desejam afinar a silhueta. Eis a simples receita: corte em pedaços bem picadinhos 1 laranja e 3 limões inteiros, e deixe-os ferver em 1/2 litro de água durante uns 10 minutos. Acrescente 2 colheres de sobremesa de mel. Ponha a ferver por mais 5 minutos. Passe o líquido por uma peneira, deixe esfriar. Beba diariamente 3 copos deste preparado.

Saiba cuidar de você

Uma dieta de três dias para desintoxicar-se?

Aí vai: desjejum – 1/2 copo de água morna com limão, frutas e 1 xícara de chá; às dez horas – suco de tomates com suco de cenouras raladas (passadas no liquidificador), um pouco de açúcar e 1 pingo de limão; almoço – uma salada crua, contendo alface, tomates, cenouras etc., um caldo de legumes e uma fruta. À tarde – chá com torradas e um pedacinho de queijo ou suco de frutas. À noite – bife de grelha, salada de legumes, compota de frutas e café.

Se você tem dificuldade de adormecer, uma sugestão: ao passar o creme de limpeza, faça-o estendida na cama, sem travesseiro, massageando suavemente o rosto, e sem nenhuma pressa. Só isto já concorrerá, em muito, para diminuir a tensão nervosa. Em seguida, retire o excesso com um lenço de papel, encha a banheira com água da temperatura do corpo, e deite-se nela por uns 10 minutos, sem pensar em coisa alguma, se possível. (E é possível: basta prestar atenção na água morna e boa, e não na sua própria cabeça.) Saia vagarosamente do banho, evitando movimentos bruscos. Você tem tempo. E, já na cama, tome um copo de leite morno com açúcar. Ou um chá de cascas de maçã, bebida perfumada, calmante. E sonhe com ovelhas brancas...

Mistérios da cozinha

Os ovos podem se manter frescos... até 6 meses, se guardados de um modo especial. Num recipiente grande e de boca larga, coloque 2 litros de água, isto é, água bastante para cobrir os ovos. Junte cal virgem, numa proporção de 125g para cada 2 litros de água; dissolva bem. Deixe os ovos mergulhados e guarde em lugar fresco e seco.

Banho seco...

O banho seco não substitui, é claro, o "banho molhado", mas é um maravilhoso remédio para os nervos e para a insônia, e para a beleza da pele. É muito usado na França, onde as mulheres sabem muito bem o que fazem.

O apetrecho para tal tipo de banho é simples: reduz-se a uma boa luva de crina ou bucha, bem áspera. Calce a luva na mão direita e esfregue com ela os pés, as pernas, o abdômen, em movimentos circulares que não precisam ser violentos. Passe a luva para a mão esquerda e continue a fricção por outras partes do corpo.

O sangue começará a circular mais rapidamente, banhará o organismo todo, afluirá à epiderme: a pele ficará rosada e viva. E os nervos crispados não terão outro jeito senão o de se descrisparem.

Experimente esse tratamento antes de dormir: a consequência será um sono calmo e repousante.

Se quiser, "molhe" um pouco esse banho seco com uma água-de-colônia neutra que lhe dará bem-estar e perfumará seus sonhos.

Mistura "boa-noite" e mistura "bom-dia"

Vou lhe transmitir duas receitas que Gaylord Hauser considera preciosas. Uma é a do "Coquetel Boa-Noite", e serve para se conseguir um sono mais profundo e mais uniforme:

Misture 2 colheres (de sobremesa) de melado com 1 xícara de leite muito quente. Tome-a lentamente, já deitada. Nem por ser tão simples o remédio, é ele menos eficaz.

A outra receita, a do "Coquetel Bom-Dia", serve de chicotezinho para você se sentir bem acordada e bem disposta:

Acrescente a 1 copo de suco de laranja, 2 colheres (de café) de leite em pó e 1 de mel. Misture bem e beba no mesmo instante. Por mais desanimada que você esteja, se sentirá logo pronta para vencer qualquer obstáculo.

Leite... nos cabelos

Desde a mais "antiga Antiguidade", o leite foi usado pela mulher bonita para conseguir maior beleza. Quem já não ouviu falar dos banhos de leite da famosa Pompeia?

De vez em quando você pode, por assim dizer, "amamentar" seus cabelos com puro e verdadeiro leite. Basta fazer o seguinte: despejar sobre a cabeça um copo de leite – mas descremado e morno. Faça uma boa massagem, até que a penetração se faça, penteie-se com um pente grosso até o fim dos fios. Antes de ter feito isso, você terá preparado 2 litros de água quente adicionados de 2 colheres (de sobremesa) de sabão em flocos. Chegou a hora, então, de lavar os cabelos com essa mistura. Em seguida: enxágue com água pura, abundantemente, e com suco de limão.

Transpiração nos pés

Um dos modos de prevenção do suor nos pés é, por assim dizer, indireto: consiste em impregnar o interior dos sapatos com 1 colher de sopa de formol, e deixar secar antes de usá-los.

Acontece, porém, que esse método pode ser "forte" demais. Nesse caso experimente outra fórmula, dessa vez de aplicação direta: todas as manhãs passe nos pés, com auxílio de uma esponja, uma mistura de 50g de formol, 50g de álcool e 500g de água. Deixe secar bem, e sem esfregar.

Cenoura versus beleza

A cenoura crua é uma grande fonte de vitaminas e também constitui um cosmético de valor indiscutível. Deve, pois, fazer parte da alimentação diária e, externamente, dos cuidados da pele.

Como uso externo, pode ser transformada em loção (suco de cenouras) ou em máscara de beleza (cenouras esmagadas finamente).

Para que a máscara seja benéfica ao máximo, é preciso reduzir as cenouras às suas partículas menores, em raspas mínimas. E, em seguida (para maior absorção do produto pela pele), torná-la homogênea com um pouco de lanolina pura. Podem-se também misturar, ao calor do fogo, as raspas com lanolina, cera de abelhas e óleo de amêndoas doces.

Quem desejar ou precisar de uma preparação mais hidratada, acrescente uma parte de água de flores. Nesse caso, porém, adicione uma pitada de bórax: este produto facilitará a emulsão.

Como as espanholas preparam bacalhau

*E*las fazem assim:

Escaldam ½kg de bacalhau (por exemplo), e sem espinhas. Partem em pedaços e levam a fritar em azeite, até alourar.

Em seguida:

Arrumam, em panela de barro, em camadas, o bacalhau, rodelas de batatas, de cebolas, de tomates, de pedaços de pimentão-doce, tudo cru. Regam com um pouco de azeite fino, tapam a panela, e levam a assar no forno.

E depois?

Depois servem na própria panela de barro, envolvendo-a com um guardanapo.

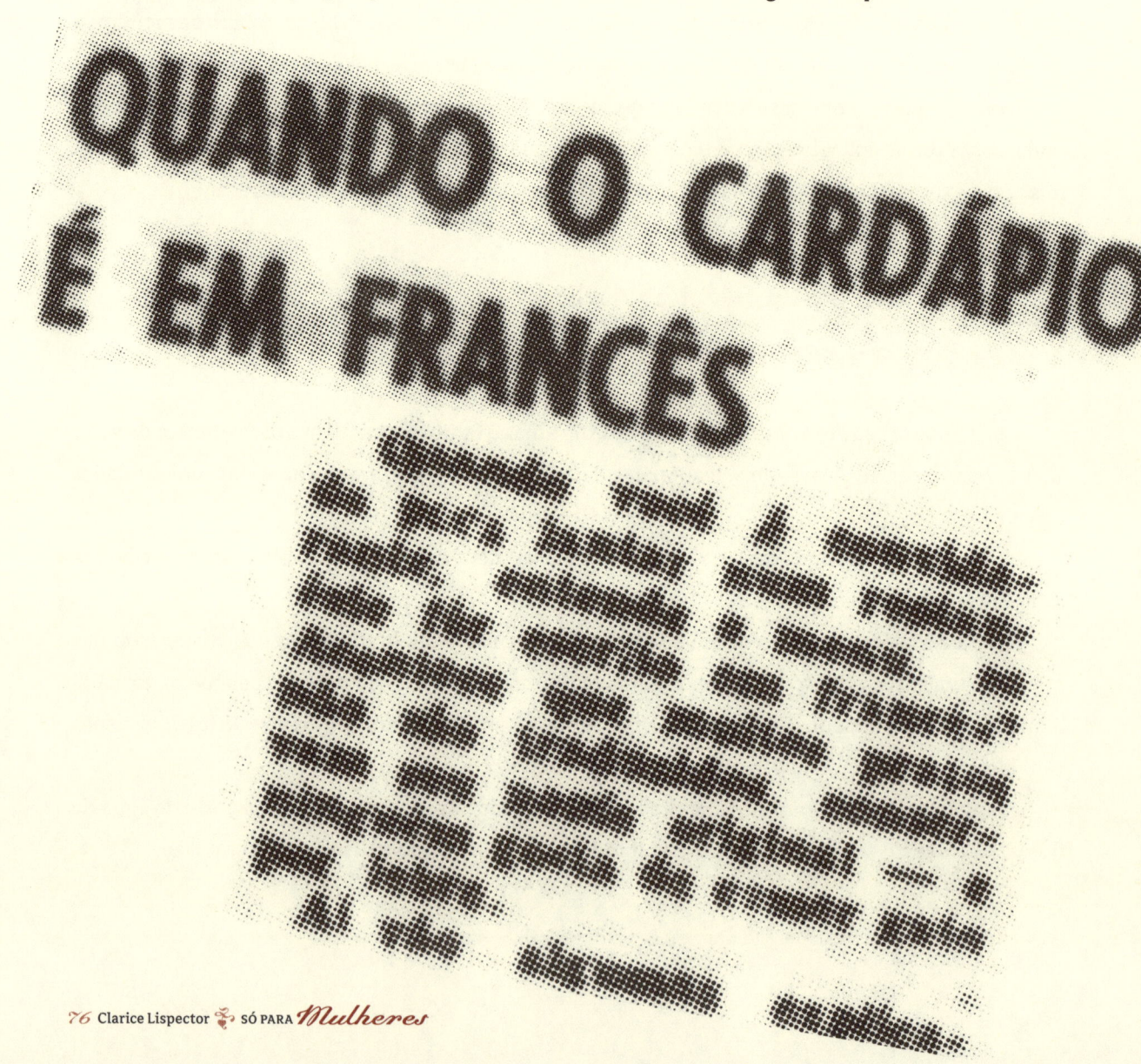

QUANDO O CARDÁPIO É EM FRANCÊS

Rugas? Não

Ninguém quer rugas. Você também não. Então, faça alguma coisa para rejuvenescer os tecidos e, portanto, combater as rugas.

Trata-se de uma máscara de beleza. Recorte esta receita, e veja depois o que ela faz por você.

Misture lanolina, vaselina, manteiga de cacau ou glicerolato de amido.

Forme uma pasta. Aplique-a no rosto. Movimentos ascendentes. Deixe permanecer por alguns minutos.

A lanolina também serve para nutrir e refrescar a epiderme.

Para ter pele nova

No inverno a gente quer pele nova. Não a que o vento endurece e resseca, não a que não tem brilho. Para o inverno se quer pele do tom úmido, macia e fresca, que ressalte junto a tecidos pesados e escuros. Mesmo as mulheres mais esportivas gostariam de mudar um pouco de tipo no inverno.

Você gostaria de recuperar o tom claro do rosto, o tom que o sol manchou? Se sua pele não é seca demais, e se você tem sardas, aplique dia sim, dia não, uma máscara com a seguinte fórmula: amoníaco, 3g; água oxigenada, 2g; e amido em pó até conseguir uma consistência de creme. Aplique essa máscara sobre as manchas e conserve-a por uns quinze minutos. Ainda para branquear a pele, corte um limão em fatias e deixe-as ficar de encontro ao rosto com o auxílio de um lenço ou gaze, também por uns quinze minutos.

Mas se você quer conservar por mais tempo o bronzeado do rosto, lave-o todas as manhãs e todas as noites com uma infusão bem quente e forte de chá-preto. Utilize um pedaço de algodão e proceda por meio de pancadinhas. Limpe com um algodão seco e passe por todo o rosto um óleo colorido. Para a maquiagem, use ruge cremoso, dispense o pó de arroz. Unte levemente os cílios e as pálpebras com óleo de rícino (desodorizado).

Os ombros, braços e colo também devem merecer cuidados regeneradores. Escove-os de manhã, na hora do banho, com uma escova de pelos semiduros e bem ensaboados. Enquanto a pele ainda está um pouco úmida, unte-a com um óleo fino, massageando com os dedos. Enxugue-se em seguida para não manchar as roupas.

Trate das mãos e das unhas, durante uma semana, com óleo morno de amêndoas doces. Misture óleo e água-de-colônia, em partes iguais para massagear o resto do corpo, depois de escová-lo vigorosamente com água e sabão.

Todos esses cuidados têm dupla vantagem: suavizam a pele e ativam a circulação do sangue. Esta é tanto maior quanto é fato comprovado que o sangue, afluindo à pele, dá-lhe vitalidade nova.

Pepinos no rosto...

Uma pele bem hidratada é uma pele elástica, jovem e fresca. Por isso – e também para clarear a epiderme – é que vale a pena transformar-se por alguns minutos... numa saladeira.

A receita é simples. Corte pepinos em fatias finíssimas, ao comprido. Aplique-as diretamente sobre o rosto, uma ao lado da outra, de modo a formar uma verdadeira máscara. Se quiser, mantenha a "salada" na pele com auxílio de uma gaze.

Mas faça tudo isso longe dos olhos do "ser amado"... Não há amor que resista à vista de uma linda mulher coberta de fatias de pepinos. Amor, sim, mas salada à parte.

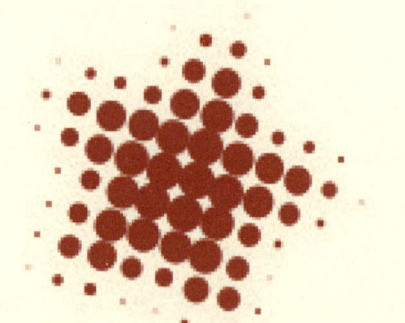

Baú de mascate

Não é só criança, por travessura, nem velho, por fraqueza, que podem levar um trambolhão e torcer um pé. O mais circunspeto cidadão e a senhora mais respeitável estão sujeitos a isso. Tenha, então, no armário dos remédios, esta solução milagrosa para tais acidentes e outros previstos para viajantes de ônibus e lotações: água vegetomineral misturada com arnica e cânfora. O próprio farmacêutico fará a mistura. Aplique compressas frias com esse líquido na parte afetada. Dizem que ela soldou os ossos de um pedreiro que caiu de um andaime e ficou moído no chão. Isso aconteceu em São Luís, capital do Maranhão. Se alguém quiser apurar...

Uma gota de óleo de rícino aplicada sobre as pálpebras dá um reflexo muito atraente.

Aqui está uma boa brilhantina para os seus cabelos: numa solução de rum adicione 25g de lanolina, 15g de óleo de rícino e 20g de essência de verbena. Agite a loção e faça com ela uma boa fricção na raiz do cabelo.

Sonhos também se comem

Em certos fins de tarde de abril-maio já dá vontade de aconchego, de fechar as janelas e de fazer da casa o lar. E então a gente sonha um pouco. Não é que eu queira escandalizar você, mas não estou falando de sonhos muito sutis. Estou falando de sonhos de se comer. E eu sei de um sonho de queijo que, nesses fins de tarde, é reconfortante com xícara de café quente...

Pedindo perdão pela piada fraca, você não acha que em vez de sonhar com queijo é melhor comer sonhos de queijo? Eis a receita destes sonhos comíveis:

Para fazer cerca de 40, use 1/2 kg de farinha de trigo, 6 ou 7 ovos, 1 copo e 1/2 de água, 1/2 copo de leite, 25g de manteiga, 125 de queijo ralado. Ferva o leite e a água com uma raspa de limão, um pouco de sal, um pouco de açúcar. Quando começar a ferver, jogue a farinha de uma só vez na panela, e mexa a pasta até que ela se solte das paredes da panela. Acrescente, então, a manteiga e, depois de ter mexido até que o conjunto fique bem úmido, retire a panela do fogo e deixe esfriar um pouco. Quebre os ovos, um por um, na panela, e, a cada ovo, mexa. Depois do terceiro, deite 1 colher (café) de levedo. Os 3 últimos ovos devem ser adicionados à pasta com as gemas e as claras separadas (estas batidas em ponto de neve).

Acrescente finalmente o queijo raspado. Os "sonhos de queijo" devem ser fritos em muita gordura fervendo.

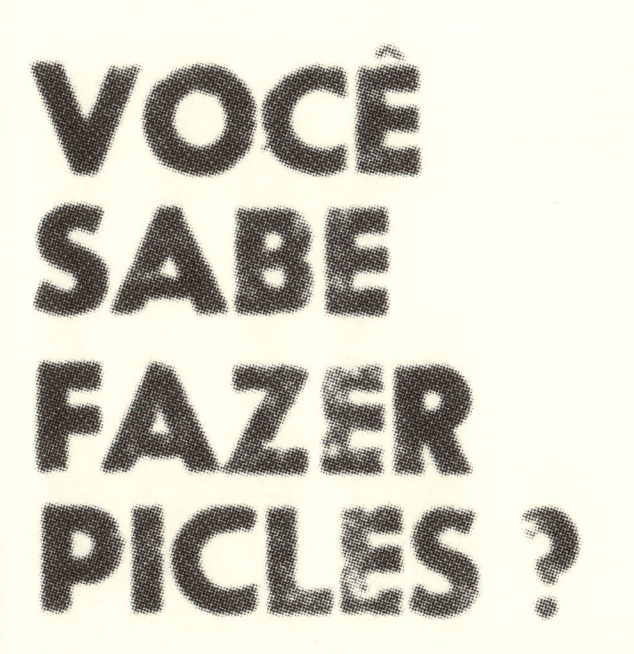

VOCÊ SABE FAZER PICLES?

O melhor modo de comer o pior espinafre

Cate as folhas e os grelos de alguns molhos de espinafre, lave e jogue dentro d'água fervendo com sal. Depois de deixar ferver por alguns minutos, retire com a espumadeira, escorrendo bem a água. Junte 2 colheres de queijo ralado e 4 de leite. Misture ainda com caldo de 1/2 limão, 2 gemas cozidas e raladas. (Tudo muito bem misturado, a ponto de a pessoa que não gosta de espinafre não ver mesmo o espinafre.) Sirva sobre fatias de pão frito na manteiga.

Exausta, exausta, exausta

Quando se come, o nível de açúcar no sangue equilibra-se, e a gente se sente com energia e vitalidade. Já lhe ocorreu que você está passando fome? Morrendo de fome não está, mas digo "passando um pouquinho de fome". Esse seu cansaço quase que permanente talvez venha do fato de você não comer bastante. Aliás, não se trata de "bastante" como quantidade, mas "bastante" como frequência.

Experimente essa receita: quando estiver se sentindo "exausta, exausta, exausta", coma alguma coisa. Toda a sua vitalidade pode retornar, pode desaparecer do rosto o ar desanimado, e sumir dos gestos a lassidão.

Comida pode ser remédio. Comer uma "coisinha" de vez em quando pode ser a solução para seu cansaço. Mas mesmo esse "de vez em quando" tem que ser em horas certas, predeterminadas por você. Só você mesma sabe em que horas do dia fatigam sua cabeça e seu corpo.

Seu trabalho cansa você? Eis então uma boa receita

Muitos de nós, homens e mulheres, enquanto executam uma tarefa, usam, ao mesmo tempo, freios mentais e emocionais para evitar executá-la. Quando a "cabeça" está fazendo uma coisa sem querer muito fazê-la, usamos tanta energia em forçar-nos, quanto a que usamos no trabalho propriamente dito. Metade de nossa vontade é aplicada no trabalho, e a outra metade "contra" o trabalho – como um carro freado que tenta avançar. Uma tarefa desagradável cansa dez vezes mais do que uma agradável.

O que fazer quando o trabalho desagrada? Ou mudar de trabalho – ou mudar de atitude em relação ao trabalho. Qualquer trabalho com o qual nós concordamos pode ser agradável. Se obtivermos o nosso consentimento, e concordarmos sem reservas, o cansaço diminui mesmo.

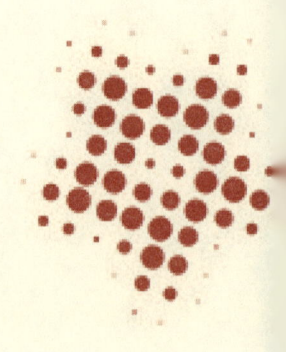

A alimentação da criança

Depois dos nove meses é muito importante que a criança comece a se alimentar de sólidos. Nesta época é preciso observar certos cuidados para que a criança aceite com satisfação essa mudança de consistência.

Os alimentos devem ser picados em pequenos pedaços, para que não haja dificuldade em engoli-los. Convém amassar com o garfo alimentos como massas, arroz, batata, legumes. À medida que a criança vai-se acostumando com essa consistência, amassam-se cada vez menos os alimentos, até que um dia seja servido apenas picadinho.

Eis algumas sugestões de pratos que podem ser oferecidos às crianças de mais de um ano: bolinho de batata (ao forno), nhoque, suflê de batata, batata-doce tostada, purê de batata-doce, bertalha, cenoura ao molho branco, pudim de cenoura, purê de cenoura com arroz, purê de ervilhas secas, suflê de espinafre e creme de chuchu.

Segue-se a receita do bolinho de batata. Ingredientes: algumas batatas, uma pitada de sal, um ovo, farinha de trigo. Cozinhar as batatas com a casca e amassá-las com espremedor de batatas. Juntar o sal e o ovo, e amassar bem. Enrolar na mão, passando um pouco de farinha de trigo para não grudar. Untar assadeira com óleo e colocar os bolinhos. Deixar no forno para dourar. Pode-se recheá-los com carne ou fígado moído.

Banho de... maionese!

Sim, minha amigas, este é o conselho do prof. Josef Löbel, da Universidade de Praga, que dá uma receita nova para formosear a pele, não só do rosto como do corpo, amaciando-a e evitando as rugas: misturar óleo de oliva a 1 gema de ovo e passar depois por toda a pele. A mistura, de início amarelo-esbranquiçada, escurece depois, ao absorver toda a sujidade da pele. Afirma o professor que a receita é boa mesmo. Pelo menos, gostosa deve ser!

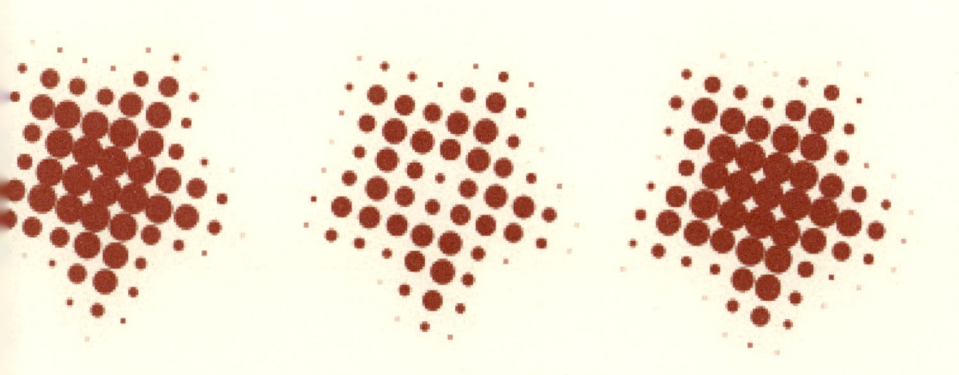

Resposta a Marina

Talvez muitas de vocês estejam querendo essa resposta, mesmo que não tenham feito, claramente, a pergunta: como é que se conversa? Na verdade, o que Marina gostaria de saber é como ser simpática e atraente na conversa com os outros.

Pois um dia desses conheci uma moça, Silvia, que é o que se pode chamar de sucesso social. Eis o que notei no seu modo de conversar, no seu modo de contato com os outros:

1º - Ela não se vangloria a respeito de si mesma, de sua família ou de suas relações; 2º - Abstém-se muitas vezes de dar sua opinião, quando vê que esta vai ferir alguém; 3º - Não comenta os problemas pessoais dos amigos que estão ausentes; 4º - Não força um assunto, evitando o artificialismo de perguntas assim: "Que livro você está lendo atualmente?"; 5º - Não faz perguntas diretas sobre a vida da pessoa; 6º - Toma parte nas discussões amigáveis, dando sua opinião; 7º - Não hesita, às vezes, em tomar iniciativa de começar uma conversa; 8º - Demonstra interesse pelas atividades dos outros; 9º - Quando fala, olha diretamente para o seu interlocutor; 10º - Procura assuntos agradáveis, construtivos.

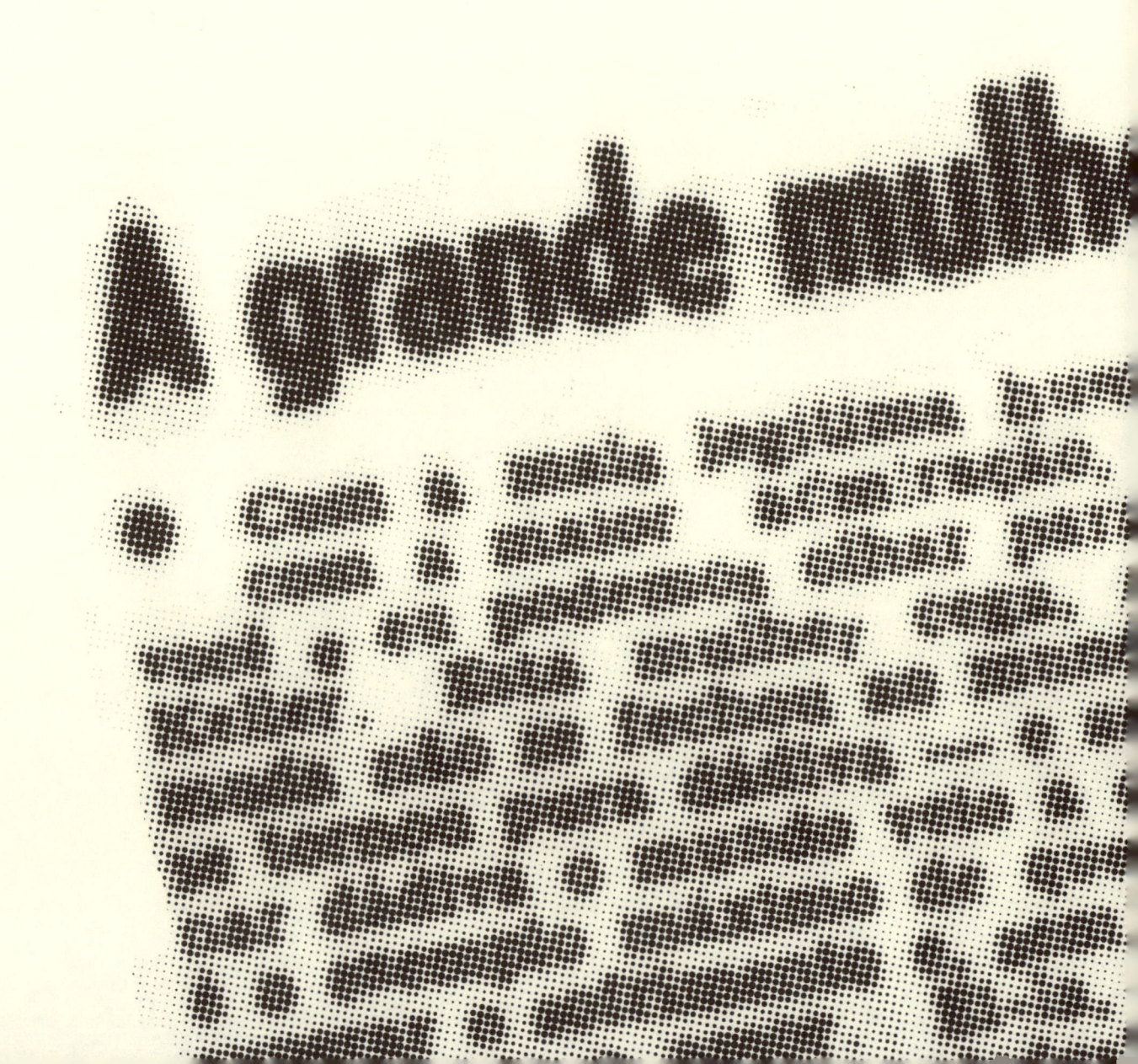

A voga da vodca

A vodca que, antes da última guerra, só era conhecida na Rússia e em países balcânicos, aumenta de popularidade dia a dia e atualmente é quase tão conhecida como o uísque escocês. O seu nome tem origem na palavra russa vodka, que quer dizer água. Mas de água, a vodca só tem a aparência – e as aparências enganam.

Da mesma forma que o uísque, trata-se de álcool extraído de cereais, em geral do centeio ou do trigo, com uma pequena proporção de cevada (15 a 20%). Mas pode também ser feita com o álcool de batata. Quando de boa qualidade, é cuidadosamente filtrada e purificada. E não precisa ser "envelhecida", isto é, pode ser imediatamente engarrafada e consumida.

Desde tempos imemoriais, é a vodca bebida na Rússia, mas só começou a ser fabricada industrialmente em princípios do século XIX. São vários os tipos de vodca, mas os dois mais conhecidos são, naturalmente, a russa, e em seguida a polonesa. Essa última contém mais álcool e um leve sabor de anisete. Os poloneses afirmam também que a vodca Zoubrouska (que deve sua coloração esverdeada a uma planta chamada zoubrouska) é superior a todas as outras. Os russos, porém, alegam que o único interesse dessa vodca é... o galhinho de zoubrouska que boia dentro da garrafa.

A vodca é muito utilizada na confecção de coquetéis – tais como o "Moscou Mule" (1 copo de vodca, 1/2 de uísque, 1 limão) ou a "Vodca Fizz" (1 copo de vodca, 1/2 de suco de grapefruit, açúcar, soda) – mas os verdadeiros apreciadores a bebem pura e "à la russe", isto é, de um só trago.

O copo em que se serve a vodca (deve ser pequeno, de modo a ser bebido de uma só vez, sem tomar fôlego) é preliminarmente gelado e a bebida também servida o mais gelada possível. Tem pouco paladar e nenhum cheiro, mas mesmo assim é muito agradável sobretudo se acompanhando pratos russos.

Em Moscou, segundo uma velha tradição, costuma-se, depois de beber a vodca, quebrar o copo atirando-o contra a parede ou o chão. Essa tradição é bastante conhecida no mundo inteiro, e uma hostess, mesmo que não seja soviética, provavelmente não protestará se um dos seus convidados agir assim, depois de tragar "à la russe", um ou vários copos de vodca. Mas é melhor não se arriscar...

Máscara de tomate

A máscara de tomate é adstringente, rejuvenescedora e tonificante. Se você está precisando desses três requisitos, experimente aplicá-la no rosto. Escolha 2 tomates bem maduros. Retire-lhes as sementes, esmague-os e misture-os com 1 clara de ovo batida em neve. Acrescente, gota a gota, batendo sempre: 20 gotas de tintura de benjoim e 20 gotas de água de rosas. Espalhe a mistura pelo rosto e conserve-a por 20 minutos. Retire-a com água fresca. Se sua pele for excessivamente seca esta máscara não é indicada.

Como se prepara café turco

Dizem os grandes entendidos, que é menos excitante que o café filtrado. Os menos entendidos limitam-se a louvar-lhe o gosto, realmente ótimo. Você já experimentou? A receita é simples.

Escolha um recipiente que possa ir ao fogo. Use 100g de água para cada xícara. Quando a água estiver em ponto de ebulição, acrescente 1 colher (das de sobremesa) de pó de café bem fino, uma para cada xícara. Leve de novo a ferver, retirando imediatamente do fogo. Recomece esta operação 3 vezes em seguida.

Uma gota de água fria, pingada no recipiente, fará com que o pó desça ao fundo.

Omelete, como em Paris

Omelete como sobremesa parece prato exclusivamente de restaurante. Realmente lembra "tout Paris", candelabros e um maître d'hôtel sorridente. O maître d'hôtel você poderá dispensar, e você mesma sorrir, o que sempre dá certo. O jogo de luz, com ou sem candelabros, sempre se pode arranjar. E o "tout Paris" está na própria omelete, que vem à mesa toda quente, perfumada e reconfortante. Quanto à mágica, está apenas em saber fazer uma omelete, e ter "mão boa".

Não há mistério nos ingredientes. Oito ovos, 30g de manteiga, 2 colheres de sopa de açúcar, 1 copo de compota de abricó (dá um doce azedo ótimo). Naturalmente você reduzirá ou aumentará a receita conforme o número de pessoas.

— Quanto à ação: bata os ovos, acrescente a manteiga, o açúcar, e faça uma omelete dessas bem fofas. Antes de dobrá-la, recheie-a com a compota. Sirva logo. Há quem não goste de omelete adocicada. Mas, como não é para comer todos os dias, a experiência vale a pena.

Desgraças culinárias

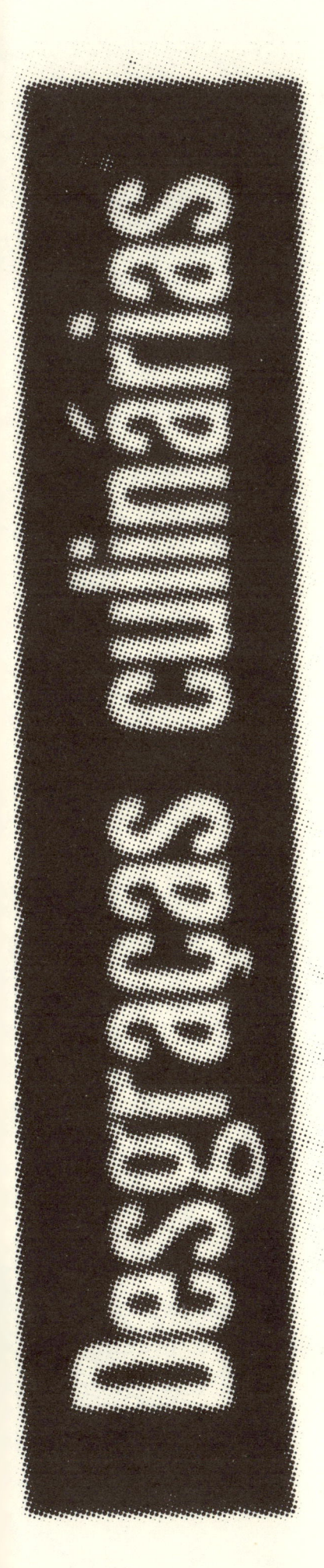

Soldar os fragmentos

A melhor maneira de soldar fragmentos de objetos de gesso consiste em formar uma pasta com a seguinte fórmula: gesso – 400g; goma-arábica – 10g; água – a necessária para formar uma pasta. Esta deve ser passada em camada fina sobre as superfícies dos pedaços que se vão soldar. Juntam-se em seguida os fragmentos e deixa-se que fiquem bem apertados um contra o outro durante 24 horas.

Receita para o sweepstake

Nesse dia, como em qualquer dia de festa, você quer estar segura de que resiste ao olhar dos outros. E não há nada que dê maior segurança a uma mulher do que ter cuidado da pele.

Procure clarear, amaciar e fechar os poros de seu rosto. E, para isso, aplique máscara de beleza. A receita que se segue é especial para peles secas:

Misture – até formar uma pasta – 1/2 tablete de fermento, 1 gema de ovo e azeite. Aplique a pasta no rosto, com movimentos ascendentes. Deixe permanecer por 20 minutos, durante os quais você estará deitada.

Geleia de laranja: fabricação doméstica

Antigamente não havia dona de casa que não fabricasse, com o maior orgulho, a geleia doméstica. Hoje, o orgulho é ainda mais legítimo porque as receitas simples foram se perdendo com o decorrer do tempo. Vou lhe transmitir uma, de nossas avós.

Uma xícara de suco de laranja, 1/2 xícara de água, 6 colheres de sumo de limão, 2/3 de xícara de geleia vegetal, 2/3 de xícara de açúcar. Misture a laranja, o limão, a água e o açúcar, acrescentando então a geleia vegetal quente. Depois de bem misturado, coloque em forminhas untadas, e deixe esfriar.

Verão: saladas
A de Alexandre Dumas Filho

De fato esta salada foi inventada pelo autor do Conde de Monte Cristo que, está provado, não criava somente boas histórias.

Cozinhe batatas novas (descascadas) num caldo de carne. Corte-as em fatias, colocando-as na saladeira com mexilhões cozidos e pedaços de aipo. (Um terço menos de mexilhões do que de batatas e aipo.)

Acrescente trufas em conserva – Dumas Filho usava trufas frescas, o que para nós é impossível. Tempere com sal, pimenta-do-reino, acrescente um bom azeite de oliva, vinagre e um pouco de estragão picado.

(Uma variante de resultado ótimo: em vez de azeite e vinagre, usar limão e creme de leite fresco.)

Manchas de suor

Dissolva, num copo de água, 1 ou 2 colheres (de sopa) de amônia e, com essa mistura, esfregue com força o local manchado. Retire a espuma que se formar, e repita a operação até a mancha desaparecer por completo. Lave depois com água pura.

Imunização contra cupim

Aplique, logo que descobrir aquele farelo denunciador sob o móvel, a seguinte mistura:

    Creosoto 100,0

    Benzina 200,0

    Ácido fênico 20,0

Molhe bem as partes afetadas para que a madeira absorva o remédio. Geralmente, com uma aplicação, o cupim é eliminado. Se ele for muito antigo e demorar a desaparecer, pode repetir o tratamento mais uma ou duas vezes. O resultado é infalível.

Para conservar o dourado dos objetos

Junte 3 partes de água a 1 parte de amoníaco, e passe essa mistura, com um pincel, sobre o objeto dourado. Deixe secar por si. Esse líquido servirá de proteção ao dourado.

Arranhões no vidro...

Se a tampa de vidro de sua mesa está arranhada, faça uma mistura de glicerina, água e óxido de ferro. Passe depois com um pedaço de flanela, sobre o arranhão, esfregando até desaparecer a mancha.

Improviso

Dizem que, para a visita inesperada, é só botar mais água no feijão. Mas quando não tem feijão? Ou quando a visita, além de ficar para jantar, não é daquelas para as quais a gente dá "feijão com arroz?"

Pois uma boa salada já resolveu muito susto de dona de casa. Não só aumenta o cardápio do dia, como se apresenta bem, enfeita a mesa e é sempre bem recebida.

A Salada Mignon tem receita rápida. Cozinhe batatas, em água e sal, descasque-as, corte-as em rodelas. Em seguida, misture-as com um ovo duro ralado, salsa picada bem fina; cebola em rodelas. Tempere com sal e pimenta. Coloque as batatas já temperadas na saladeira; deixando, porém, um "vazio" no centro: nesse espaço você arrumará filés de anchova e azeitonas pretas.

Para falar a verdade, a Salada Mignon com cerveja bem gelada já é um jantar quase completo.

Receita simples

Para depilar as suas pernas basta embeber um pedaço de algodão em sulfureto de sódio nº 3 e esfregá-lo sobre os pelos. Lave em seguida com água fria ou morna.

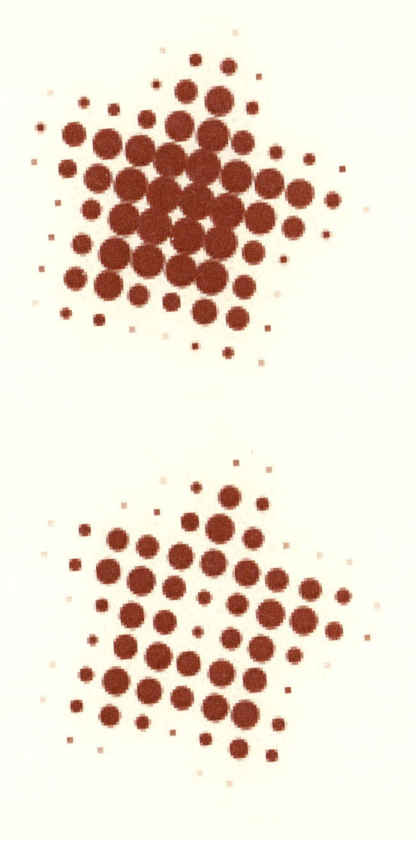

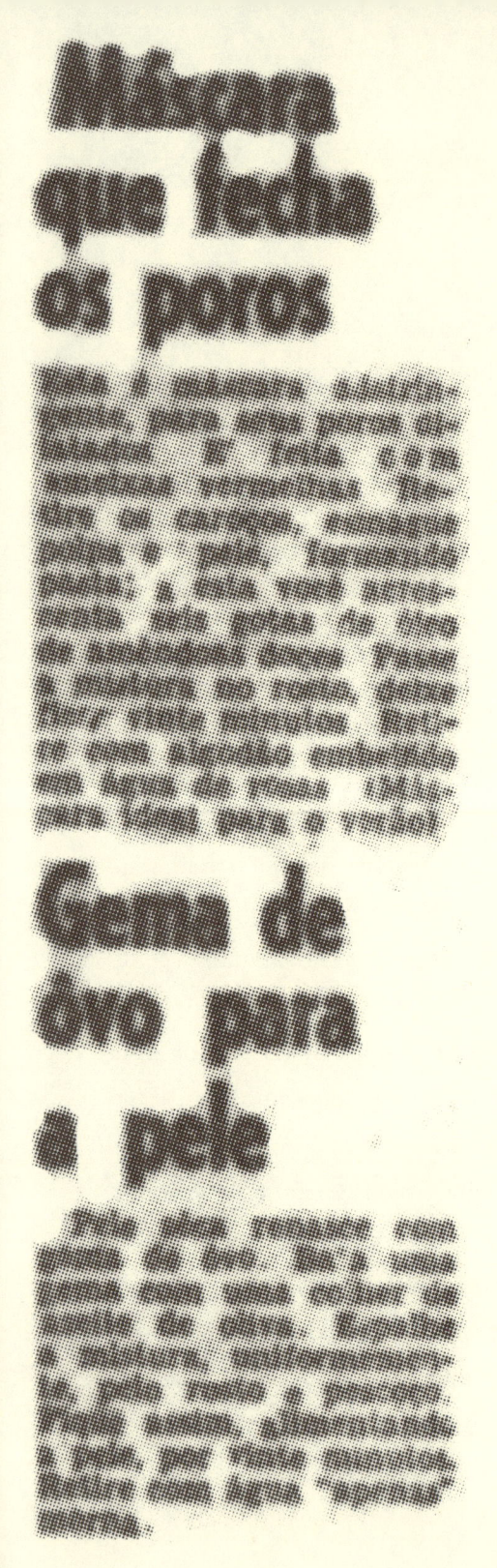

Ducha perfumada

Faça 1 saquinho contendo pedacinhos de sabão, malva seca e flores de lavanda, costurando-o por inteiro. Ao tomar a sua ducha, esfregue-o por todo o corpo, perfumando a pele de maneira agradável. O conteúdo dever ser renovado de 3 em 3 dias.

Olhos vermelhos

Para evitar a vermelhidão dos olhos e a aparência de cansaço, faça compressas de algodão embebido numa loção especial, e coloque-as sobre as pálpebras fechadas. Vou dar uma receita muito boa para isso, mas não vá prepará-la você mesma. Peça ao farmacêutico que o faça: 50 % de água de cânfora e 50 % de uma solução de ácido bórico. As compressas devem permanecer sobre os olhos fechados por uns 15 minutos, mais ou menos.

Para as suas pernas

Se as suas pernas estão ásperas e manchadas, faça uma mistura de álcool e óleo de rícino e esfregue-as com ela. Essa solução servirá para amaciar e clarear a pele de suas pernas.

Papel apanha-moscas

Dissolva 250g de óleo de mamona em banho-maria e adicione 1 colher (de sopa) de mel de abelha e 100g de breu moído, misturando bem. Sobre uma folha de papel pardo cole outra de papel impermeável e sobre esta espalhe a mistura com um pincel. Deixe secar.

Repolho bossa-nova

Para a família comer melhor não há nada tão eficaz como variar. Mas, é claro, variar não basta: variar para melhor, este é o segredo de uma boa receita. Vejamos como se pode fazer do velho repolho um prato novo: meia xícara de açúcar, meia de vinagre, 2 ovos, 1 colher (de chá) de mostarda em pó, 1 xícara de leite, 1 colher (de sopa) de manteiga, 1 colher (de chá) de sal. Os ovos devem ser batidos já com o açúcar. Acrescente-lhes o leite fervido, cozinhe tudo durante 1 minuto: misture então a mostarda e o sal com o vinagre, e derrame no creme. Agora é a hora de picar bem fininho o repolho. Derrame o creme morno sobre o repolho, e ponha tudo na geladeira. (O molho acima serve também para renovar outras saladas, dando-lhes gosto mais original.)

Luvas para banho

Abra uma bucha ao meio, retire as sementes e o miolo, lave bem e passe a ferro, ainda úmida. Corte um molde para a luva, aplique-o na bucha e num tecido forte. Una as 2 partes com um caseado e faça uma pequena alça para pendurá-la no banheiro. A parte de fazenda fica nas costas da mão e a bucha na palma, para servir de esfregão.

Estranha refeição

Dois vienenses, Steycal e Latzel, descobriram um "unguento nutritivo", 1/4 de litro de azeite de oliva, dividido em várias porções, ou uma mistura de 250g de hidrato de carbono, 100g de banha de porco e 25g de albumina para ser friccionada pelo nosso corpo. Em um dia, a mistura é completamente absorvida, por meio de 4 ou 5 aplicações de 10 minutos cada uma. Pelo jeito, Steycal e Latzel são inimigos de donos de restaurantes e dos quitandeiros. Que é prático, é, mas... mas satisfará realmente ao nosso apetite?

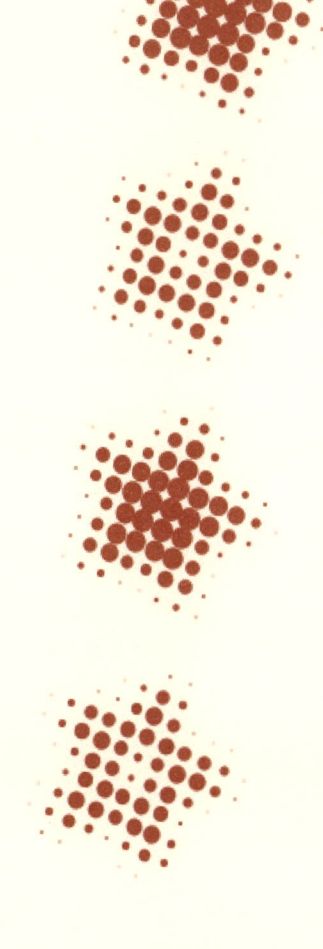

Purificando o ambiente

Para tirar de um aposento o cheiro de mofo ou fumo ou comida, eis uma fórmula que você pode mandar aviar na farmácia sem dificuldades (ou então, comprando os ingredientes, misturá-los em casa):

Hipocloreto de cal – 50,0; Cânfora – 25,0; Álcool a 90° – 50; Essência de eucalipto – 5,0; Essência de cravo – 5,0; Água – 60 cc.

Não é necessário aquecer. Basta misturar, derramar numa vasilha, e deixar ficar no aposento.

Um coquetel notável

Para as crianças ou pessoas subalimentadas, este coquetel fará milagres, pois reúne as preciosas vitaminas A, B2, C e D: 5 gotas de óleo de fígado de bacalhau, 1/2 copo de caldo de tangerina, mel para adoçar, de acordo com o gosto. Misture tudo numa coqueteleira e sirva gelado.

Plantas viçosas

Eis uma receita para plantas doentes: encha 1 garrafa de água, adicione várias cascas de ovos e deixe ficar durante 1 dia. Regue a planta com esta mistura.

Surpresa de damasco

É verdade que já contamos o "enredo" desta surpresa, e que é o damasco. Mas naturalmente você não dirá o que tem dentro da massa, porque senão estraga o filme. Compre ½ kg de damasco. Faça, com 1kg de batatas, um purê leve, acrescente-lhe 1 ovo, 1 pitada de sal, e a quantidade de farinha necessária para fazer uma pasta lisa. Corte-a em quadradinhos, coloque um damasco em cada um, e, no interior de cada damasco, um pedacinho de açúcar sólido. Envolva o damasco com a massa, jogue em água fervente salgada, cubra a panela por um instante. Em seguida deixe cozinhar com panela destampada e fogo brando.

Quando tirar do fogo, enrole cada bolinha em farinha de rosca dourada, salpique de açúcar, e sirva.

Drinque sem álcool

Se você vai receber em sua casa alguém que não pode ou não quer tomar álcool, sirva-lhe este drinque:

Num copo grande (dos para uísque), 2 colheres de sopa de mel, 2 de vinagre dissolvido num pouco de água morna. Complete com gelo picado e soda.

Receita de gelo artificial

Misture 1/2 kg de amônio em pó com a mesma quantidade de salitre, dissolvendo tudo em 3 litros de água. Coloque a mistura numa vasilha ou balde onde estejam as garrafas que deseja gelar.

Beba mais café

Prepare 6 xícaras de café bem forte. Misture 6 colheres de açúcar, um pouco de raspa de laranja, 6 cabeças de cravo, 1 pedaço de canela e 1 tirinha de casca de laranja. Leve essa mistura ao fogo, adicionando-lhe 1/2 copo de rum. Deixe ferver, mexendo com cuidado para não pegar fogo. Adicione então o café e torne a ferver. Sirva bem quente.

Bolo sem ovo

E já que o assunto da crônica de hoje se refere a comidas, eis aqui um bolo de paladar fácil e que a mais inexperiente dona de casa poderá fazer com sucesso:

400g de farinha de trigo, 250g de açúcar e 2 colheres de manteiga. Desmancham-se esses ingredientes com 1 copo de leite onde foi dissolvida 1 colher de chá de fermento em pó. Depois de tudo bem mexido, deita-se uma forma untada com manteiga e assa-se em forno quente. Este bolo fica ainda mais gostoso no dia seguinte.

Cordial de abacaxi e uvas

Nada melhor para uma noite de verão, quando se quer evitar o álcool: 2 xícaras de uvas debulhadas, 1 xícara de pedacinhos de abacaxi, 1/2 xícara de caldo de abacaxi e o caldo de 1 limão. Mistura-se tudo, salpica-se açúcar misturado com folhas de hortelã bem picadas e deixa-se gelar.

Um prato de flores

Não se espante, ninguém almoçará flores em sua casa. Mas na verdade o prato vem à mesa todo coberto de mimosas. Por baixo dessas falsas mimosas estarão ovos recheados com camarão. Veja como:

Cozinhe 6 ovos. Quando estiverem duros, abra-os pela metade, no sentido horizontal. Com o cuidado de não quebrar as claras, retire as gemas e separe-as num prato ou vasilha. Por enquanto, esqueça as gemas.

Prepare camarões refogados, bem temperados. Disponha as metades das claras duras no prato de servir. Para que fiquem de pé, tire uma pequena lasca na base de cada clara. Em cada uma ponha 2 ou 3 camarões. Faça em seguida uma boa maionese, do gênero espessa. Cubra com ela os ovos e os camarões, de modo a ficarem completamente escondidos.

Agora chegou a vez das gemas. Ponha-as em máquina de moer carne (usando a roda mais fina). As gemas devem sair em flocos pequenos, bem separados um do outro. Com esses flocos, cubra toda a maionese, de modo a escondê-la totalmente. Nesse momento você já terá seu prato de "mimosas". Com tomate cortado ao longo, cheiro verde e picles, enfeite os bordos do prato, formando flores.

Uma (ótima) receita romena

Esta é de mestre-cuca romeno. Foi transmitida pelo próprio a uma senhora francesa. A senhora francesa copiou direitinho e contou o segredo à sua melhor amiga. Esta também tinha uma amiga íntima – eu. E eu tenho várias amigas íntimas: vocês. Portanto é natural que passe o segredo adiante.

Trata-se de bife de vitela ao creme de leite. Os bifes têm que ser dos bem tenros. Comece pondo um pouco de gordura na frigideira. Quando estiver quente, jogue nela os bifes – sem nenhum tempero, nem mesmo sal. Vire-os de um lado e de outro, até ficarem ligeiramente "morenos".

Retire-os da frigideira, coloque-os numa tábua de madeira ou sobre o mármore da pia, salgue-os ligeiramente. Deixe-os por ali mesmo, e trate do creme.

O creme não deve ser batido. Na frigideira, de onde não foi retirada a gordura que serviu para os bifes, derrame a metade do creme. Deixe cozinhar até ficar escuro (de 2 a 3 minutos). Só então derrame o resto do creme, cozinhando-o de novo de 2 a 3 minutos. Nessa mesma frigideira cheia do creme, jogue os bifes, fritando-os em fogo lento por alguns minutos. Sirva-os bem quentes, regados com o creme.

Dia de bolo

Dia de fazer bolo dá ar de festa em casa. Mãos sujas de farinha, criança perguntando quando fica pronto, cheiro de massa quente, a hora emocionante de abrir o forno, a hora de tirar da forma... o glacê... E finalmente o momento perfeito de experimentar.

Este é o bolo Mousseline. E os ingredientes foram calculados na base de duas pessoas: 3 ovos, 3 colheres de açúcar, 3 de fécula de batata, 1 colher de café de levedo, 1 pitada de sal. Bata as gemas com o açúcar, até que a mistura embranqueça. Misture a fécula com o levedo e o sal, e acrescente-os à mistura precedente. Passe manteiga na forma e derrame nela toda a pasta. Leve ao forno medianamente quente. Quando o bolo estiver alto e dourado, e destacar-se das paredes da forma a umas sacudidelas de experiência, vire-o com cuidado num prato para esfriar. Enfeite com glacê branco. E... boa sorte.

Uma fisionomia descansada

Depois de um dia exaustivo, para você recuperar o aspecto descansado, misture 1 gema e 1 colher (de café) de óleo canforado. Passe sobre o rosto, delicadamente, e deixe secar. Lave, então, o rosto com água morna e, em seguida, água fria. Enxugue bem. Pode fazer agora a sua maquiagem. Seu rosto terá uma aparência aveludada.

Almoço de forno e fogão

Tudo que vem em forma de suflê tem logo um ar melhor, um ar de "forno e fogão". Vejamos de que modo podemos transformar tomates em prato de receita...

Para 6 pessoas, você precisará de: 4 ovos, 60g de farinha, 1/2 litro de leite, manteiga, sal, pimenta e 8 tomates pequenos.

Faça um molho bechamel, fundido a manteiga, acrescentando a farinha e mexendo sempre até que esta se incorpore à manteiga. Acrescente pouco a pouco o leite quente até obter uma consistência de creme. Derrame essa mistura sobre as gemas de ovos, mexendo sem parar. Adicione então as claras, previamente batidas em ponto de neve firme, continuando a bater. Tempere com sal, pimenta, deite a preparação num prato que vá ao forno e à mesa. Disponha sobre a superfície 8 tomates bem pequenos, bem lavados. Forno brando por cerca de 1/2 hora.

Receita de MM

Quando você estiver com os nervos tensos e necessitar de toda a sua calma para executar uma tarefa difícil, experimente a receita de Marilyn Monroe que, antes de comparecer diante das câmaras, sempre sacode os pulsos várias vezes para distender os nervos. O resultado é imediato e surpreendente.

Tempero que não engorda

Não só não engorda, como dá graça a certas tristes dietas de emagrecimento... A finalidade de emagrecer é exclusivamente a de conseguir o emagrecimento propriamente dito. Torturar-se com uma comida sem sabor é sofrimento inútil.

Eis o simples tempero que alegrará a hora em que você come para emagrecer: misture leite desnatado com limão e 1 dente de alho esmagado. Cuidado para o leite não talhar com o limão: ponha-lhe 1 pitada de sal antes de misturá-lo.

E se seus olhos também querem sentir prazer na comida, nada impede o uso do pimentão. A cor vermelha alegrará o prato. Sem falar que o olfato também se beneficia: o cheiro do pimentão transforma uma comida em iguaria.

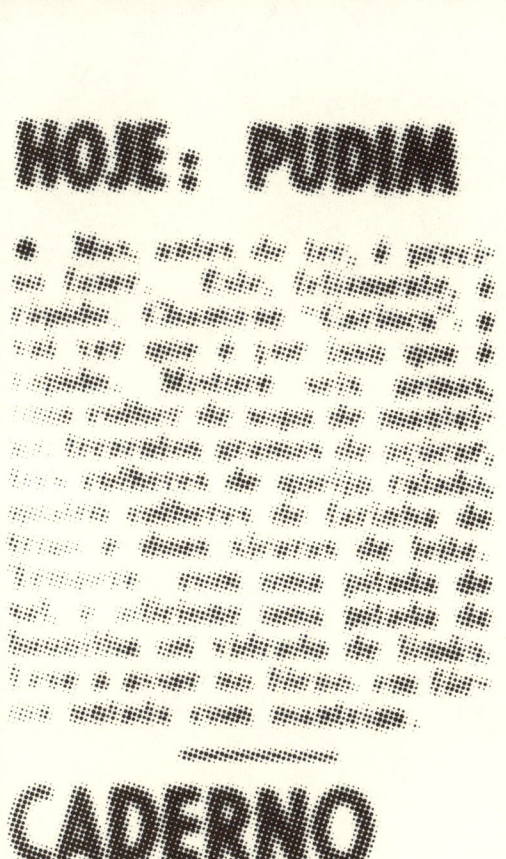

Receita de assassinato (de baratas)

Deixe, todas as noites, nos lugares preferidos pelas baratinhas horríveis, a seguinte comidinha: açúcar, farinha e gesso, misturados em partes iguais. Comida ruim? Para baratas é uma iguaria que as atrai imediatamente...

O segundo passo, pois, é dado pelas próprias baratas que comerão radiantes o jantar.

O terceiro passo é dado pelo gesso que estava na comida. O gesso endurece lá dentro delas, o que provoca morte certa. Na manhã seguinte, dezenas de baratas duras enfeitarão como estátuas a vossa cozinha, madame.

Cura das aftas

As aftas são pequenas bolhas que aparecem no interior da boca, formando ulcerações brancas, muito doloridas, sobretudo quando se ingerem alimentos quentes ou gelados.

Provocadas em geral pela acidez, as aftas podem ser curadas com bochechos de água bicarbonada e, em seguida, tocando-as com um algodão enrolado num palito e embebido numa solução de nitrato de prata de 10%.

Busto pequeno

Um ótimo exercício para quem possui busto pequeno e deseja aumentá-lo é ficar de pé, mãos nos quadris, fazer girar os braços até ficar com os cotovelos para a frente, o mais que puder. Fazer voltar os braços para trás, até onde alcançarem, como se fosse tocar as espáduas com os cotovelos. É um exercício que fortalece os músculos do peito e ajuda o desenvolvimento do busto.

Tailleur diferente

Êste é um
lo original
tinto, que
ser usado
nas compr
mo no cine
noite

Segredos

Segredos
da boa cozinha

Quase todas as moças, ao casar, não têm a menor experiência de cozinha, não sabendo muitas delas fritar um ovo ou temperar um bife. Assim é que muitas dificuldades encontrarão ao se defrontarem com os inevitáveis problemas da administração de uma casa e todos os seus importantes serviços.

A futura dona de casa deve procurar, dentro do tempo que possui durante a semana, exercitar-se no trabalho de casa e de cozinha, principalmente. Muito útil será um curso de arte culinária, inteligentemente organizado, para que as jovens apreciem e tomem parte, ao vivo, na confecção dos pratos deliciosos que farão a alegria do marido, ao chegar em casa, cansado do trabalho e desejoso de saborear boas iguarias. Os pratos oferecidos nesses cursos têm a vantagem de ser econômicos, práticos e muito decorativos.

Ao lado do aprendizado da cozinha, é muito importante que as jovens procurem se iniciar na sublime arte de cuidar de bebês, procurando a casa de uma parenta ou pessoa amiga, que tenha criança pequena e ajudá-la na tarefa de banhar, fazer mamadeira e trocar as fraldas do petiz. Esse é um aprendizado não só útil como também agradável, não acham, distintas noivas e pretendentes ao matrimônio?

A mulher e o preconceito

Em geral as mulheres acham a vida dos homens muito melhor e não raro procuram viver como os mesmos. O caso da mulher que há pouco tempo foi presa por haver abandonado o marido e durante 20 anos ter vivido disfarçada em homem, exemplifica perfeitamente este desejo. "É mais fácil viver no mundo como homem" foi a resposta desta criatura original, ao ser interpelada pelo juiz.

E muitas vezes o que leva as mulheres a beber nos bares, fumar, praguejar e usar calças compridas (embora, de acordo com muitos médicos, seja isto a causa de muito artritismo nas filhas de Eva), é esta espécie de "protesto masculino" que impinge uma desigualdade por vezes irritante dos direitos femininos.

E ainda hoje, continuam os protestos da mulher.

Mary Wollstomecraft, a primeira campeã dos direitos da mulher, comentou: "Os homens se prevalecendo de sua força física, exageram tanto sobre a inferioridade das mulheres, a ponto de classificá-las quase abaixo dos padrões de criaturas irracionais."

E ainda hoje, continuam os protestos da mulher.

Recentemente, uma psicóloga de renome provou que "o preconceito dos homens de que as mulheres são inferiores, vem sendo instigado em nós há séculos e séculos; e o resultado disso é que acabam agindo como os homens esperam que o façam".

Nada de estranhar, portanto, que ainda sejamos vítimas de alguns preconceitos. De um modo geral encontram grande dificuldade em se dedicar a certas profissões masculinas. Mas seja como for, fisicamente são completamente diferentes dos homens e isto é uma coisa que jamais mudará.

Portanto, de certa forma, a mulher não foi aprisionada pelo homem, mas pela sua própria natureza fisiológica.

A origem das saias

Perde-se nos tempos a origem do uso da saia, que foi, inicialmente, e durante muitos séculos, vestimenta masculina. Mas as mulheres, por motivo não explicado, adotaram-na como sua. Devido a isso, os homens foram abolindo o seu uso, restando alguns povos orientais, como os beduínos e os mandarins, certas castas da Índia e do Japão, que continuaram adotando-as. Também os escoceses e certos regimentos do exército grego. O problema agora é que as mulheres modernas resolveram adotar também o uso das calças. Como vai ser então? O que é que fica para os homens usarem, afinal?

Coisas da vaidade feminina

Na França, durante a Revolução Francesa, quando centenas de cabeças inocentes rolavam decepadas pela guilhotina, alguém de gosto duvidoso lançou a moda de pequenas guilhotinas, como broche, para enfeitar as mulheres do povo. E para maior realismo ao enfeite macabro, pintavam-no de vermelho cor de sangue. O surpreendente não é a imaginação doentia de quem criou os broches trágicos. E sim a coragem das mulheres que os usavam. E não eram poucas! Era moda!

A água e a gordura

O ar e a água são os alimentos mais essenciais ao nosso organismo. Pode-se viver trinta dias ou até mais, sem nenhum alimento sólido; mas, morre-se em poucos minutos de falta de ar e em poucos dias de falta de água.

Os líquidos orgânicos têm um mínimo de 90 % de água e até os ossos, cujo tecido é o mais duro do organismo, contêm 40 % de água. Assim, como os tecidos do nosso corpo são constituídos de água, podemos dizer que nossa vida depende do equilíbrio líquido do corpo.

A capacidade que temos de fabricar água constitui um curioso fato fisiológico. Como exemplo, pode-se citar o camelo, cuja giba é composta, principalmente, de gordura. Essa giba, a Natureza não a colocou no lombo para enfeite ou para fornecer um celim natural aos que o montam. Composta em grande parte de gordura, ela serve como depósito de água para esse animal nativo do deserto. Cem quilos de giba do camelo lhe proporcionam mais de cem de água, pode-se pois dizer que o camelo faz a sua reserva de água sob a forma de gordura.

O mesmo se dá no corpo humano. Se uma pessoa ficar um certo tempo sem comer nem beber, parte de seus tecidos se transformam em água, pois esses a obtêm, não só dos líquidos, como também dos alimentos ingeridos. Dez quilos de gordura produzem, ao destruir-se, cerca de dez litros de água. Isso porque o hidrogênio da gordura toma oxigênio do sangue para formar água. E para as bebidas alcoólicas a proporção é ainda maior: de dez litros de álcool, o organismo obtém onze de água. Por isso, os que bebem muito ficam gordos e balofos.

Um fenômeno interessante é que, quando se acumula gordura no organismo, o armazenamento de água que resulta é muito pequeno. Assim, quando uma pessoa come quantidade considerável de alimentos gordurosos, perde parte da água acumulada nos tecidos (desidrata-se), de maneira que, se basearmos pelo que a balança marca, parece ter perdido peso. Mas, naturalmente, existe um abismo de diferença entre a perda de peso por desidratação e a perda de peso por destruição da gordura.

A linha das sobrancelhas

Não é necessário dizer que importância têm os olhos no conjunto do rosto. Na realidade são a parte mais expressiva deste, e contribuem consideravelmente para marcar a personalidade de uma mulher.

E quem fala em olhos, está falando também em sobrancelhas. Hoje em dia a tendência é a de conservar o mais possível a sua linha natural. Qualquer extravagância neste sentido prejudica o rosto todo, dá um ar vulgar à pessoa. As sobrancelhas devem seguir o contorno do osso frontal, mais grossas perto da raiz dos olhos, afinando-se ligeiramente ao terminar. Como todas as linhas descendentes envelhecem o rosto, o mais indicado é terminar as sobrancelhas com um traço um pouco ascendente – mas só um pouco, de modo que o efeito seja apenas perceptível. Aliás, de um modo geral, qualquer maquiagem visível demais "a olho nu" é contraproducente.

A forma das sobrancelhas deve variar de acordo com a forma do rosto. Por exemplo, uma fronte ampla demais parecerá mais estreita se se deixar apenas um pequeno espaço entre as sobrancelhas. No caso de uma testa estreita, o espaço deve ser aumentado.

E suas mãos?

Bonita mesmo. Mas – e as mãos? Feias... Então já não se pode dizer "bonita mesmo".
O que fazer? Mil coisinhas.
Por engraçado que pareça, existe um "corte" para as unhas, não é só para cabelos...
Estude com sua manicure o corte que melhor lhe fica, de acordo com o formato e o comprimento dos dedos. E cor, por exemplo? O esmalte escuro dá, a mãos morenas, a ilusão de mais claras, você já pensou nisso?

Se suas mãos não estão impecáveis, você piora tudo se as cobre de joias. Escolha de joias?
Por exemplo: pedra de anel em cor pálida fica melhor em mãos avermelhadas. Anéis grandes? Só em dedos longos.

E um creme, é claro. A fim de clarear e amaciar a pele das mãos. Faça massagens nos dedos, descendo pelas palmas, como se estivesse calçando luvas.

E os gestos? Os gestos são a alma das mãos. E não dependem de manicure. Dependem de você mesma.

À procura do modelo ideal

Não sei se você está tendo algum probleminha na procura de um modelo de vestido ou na procura de uma "ideia" – dessas que puxam outra e vão terminar bem longe. Vou falar, então, meio a torto e a direito, e é capaz de alguma carapuça lhe servir.

Vestido de lã? Lembre-se de que a maciez de uma lã é a graça desse tecido. Lã "cai", não "arma".

Se você gosta de saias afuniladas, justas, sinta-se à vontade para usá-las: também são moda. Mas sinta-se à vontade mesmo: a saia estreita não deve atrapalhar o seu modo de andar.

Se você gosta de jaquetas, eis algumas notícias recentes a respeito delas:

Retas quando são curtas, mais amplas e mesmo arredondadas quando compridas; sobre saia ampla, a jaqueta deve chegar à altura dos quadris, com as pregueadas, deve cobrir os quadris.

O vestido-túnica é do tipo sete oitavos, quanto ao comprimento.

A cintura? Marcada ou não, depende de seu gosto.

Os ombros? Mais para largos. Há figurinistas que conseguem esta linha larga descendo a costura do ombro.

Debrum – eis uma ideia que renova muita roupa. Um debrum em pelica ou camurça dá toda uma linha esporte a um casaco ou jaqueta.

É possível que até o fim do ano a moda nos "obrigue" a uma espécie de vestido saco, não digo o mesmo que já se tentou usar, mas uma variação do mesmo. Isto se nota numa tendência do corpo e cintura dos vestidos a se alargarem progressivamente. Vamos ver no que dá.

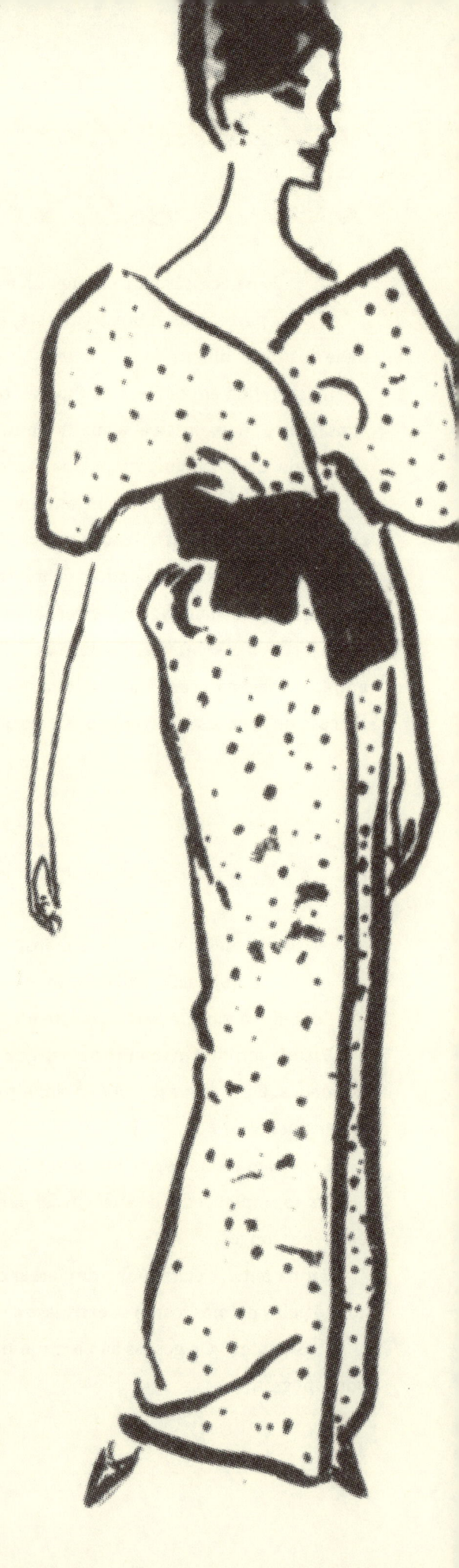

Cuide bem das suas cortinas

Cortina não é simplesmente "cortina".

Cortina significa:

— não ter a casa devassada, é claro (mesmo cortina transparente impede a curiosidade de vizinhos);

— fazer da janela um quadro que finalmente ganhou uma moldura;

— dar à sala ou quarto o aconchego de "lar";

— completar com uma cor a decoração do aposento;

— poder fazer jogo de luz;

— poder "criar" com liberdade a sua própria decoração, seguindo o próprio gosto.

Você quer imaginar a diferença que há entre janela com ou sem cortina? Pois imagine olhos que não tivessem pestanas...

Novidade para olhos cansados

Mesmo que você use óculos, esse novo exercício de descanso fará muito bem à sua vista. E dará novo brilho a seus olhos.

Feche-os por alguns instantes. Cubra-os com as palmas das mãos, com delicadeza, sem fazer nenhuma pressão sobre eles. Respire fundo várias vezes. Descanse o cérebro procurando não ter pensamento. Pense numa só coisa, na cor negra.

Experimentou? Como se sente agora? Olhe-se ao espelho: até o rosto parece mais repousado. E a cabeça também.

Palha nas orelhas

Orelhas de orla bem enrolada indicam senso prático, positivo, julgamento rápido, vontade de realização.

Quando a orla é quase inexistente a pessoa é mística, idealista, não reconhecendo nos fatos o direito de desmentir as teorias.

As orelhas chatas correspondem a um temperamento seco. As espessas, um pouco carnudas, pertencem aos aproveitadores da vida.

Se nessa coleção de orelhas nenhum exemplar corresponder ao par com que você foi dotada, escolha o que mais lhe assemelha. Ou mesmo o que mais lhe agrada...

Tudo vale. O importante mesmo é ter orelhas.

Falam as orelhas

Quem tem orelhas pequenas é tímida, modesta, suave. Orelhas grandes indicam personalidade expansiva, forte, às vezes até um pouco atravancadora. As bem desenhadas revelam caráter harmonioso; enquanto as irregulares pertencem às pessoas caóticas. Pontudas: espírito crítico, podendo ir até a maldadezinha. Pontudas somente no alto: tendências materiais preponderando sobre as espirituais. Muito coladas à cabeça: docilidade, submissão, um pouco de medo. Destacadas do crânio: o contrário.

Mas acho mesmo que você não deve se preocupar com o que dizem suas orelhas. O que importa realmente é que elas ouçam, isso nem tem dúvida.

Um busto bonito

De um modo geral, a beleza do busto depende da posição da coluna vertebral. Ombros caídos significam busto idem.

Até que ponto a cultura física pode melhorar o estado do busto? A cultura física não age nas glândulas, mas nos músculos que as sustentam. Quando ocorre a tonicidade das espáduas, das costas, do pescoço e do colo, também os músculos peitorais se mantêm firmes.

Os cuidados locais – duchas, jatos de água, aplicação de hormônios – são às vezes eficazes, pelo menos durante o tempo em que são aplicados.

O modo mais seguro da correção dos seios está mesmo na cirurgia estética.

Lábios que enfeitam o rosto

Do desenho dos lábios depende grandemente a expressão de todo o rosto. Um rosto não pode ser verdadeiramente desagradável se é enfeitado por lábios macios, sorridentes, bem delineados.

Talvez a natureza não lhe tenha dado a boca de que você precisa para ter uma fisionomia harmoniosa. Coopere com... a natureza, então, sem se esquecer de que ela jamais erra completamente: isto quer dizer que corrigindo as imperfeições de seus lábios procure não exagerar essas correções.

Este ano "usam-se" lábios cheios, generosos, francos, e pintados em tons suaves e naturais. Evite qualquer traço duro – lábios não devem ser mesquinhos nem frios.

1- Para desenhar bem sua boca você precisará de um pincel macio e de um lápis próprio para delinear o contorno.

2- Se sua boca é um pouquinho grande, pare o batom na dimensão desejada (sem exagerar, pois você não pode parar simplesmente na metade), depois de ter camuflado a parte não pintada com creme e pó.

3- Nunca interrompa a pintura do lábio superior para começar a do inferior. Pinte antes inteiramente o superior: só então é que você terá a perspectiva certa para continuar o trabalho.

4- Não negligencie seu próprio formato de boca: corrija-o, se necessário, mas sem contrariá-lo totalmente.

5- Se seus lábios são "caídos", "suspenda" os cantos com o batom, para suavizar e alegrar o rosto.

6- Nunca faça o "coração" da boca em duas pontas agudas.

E, é claro, sorria.

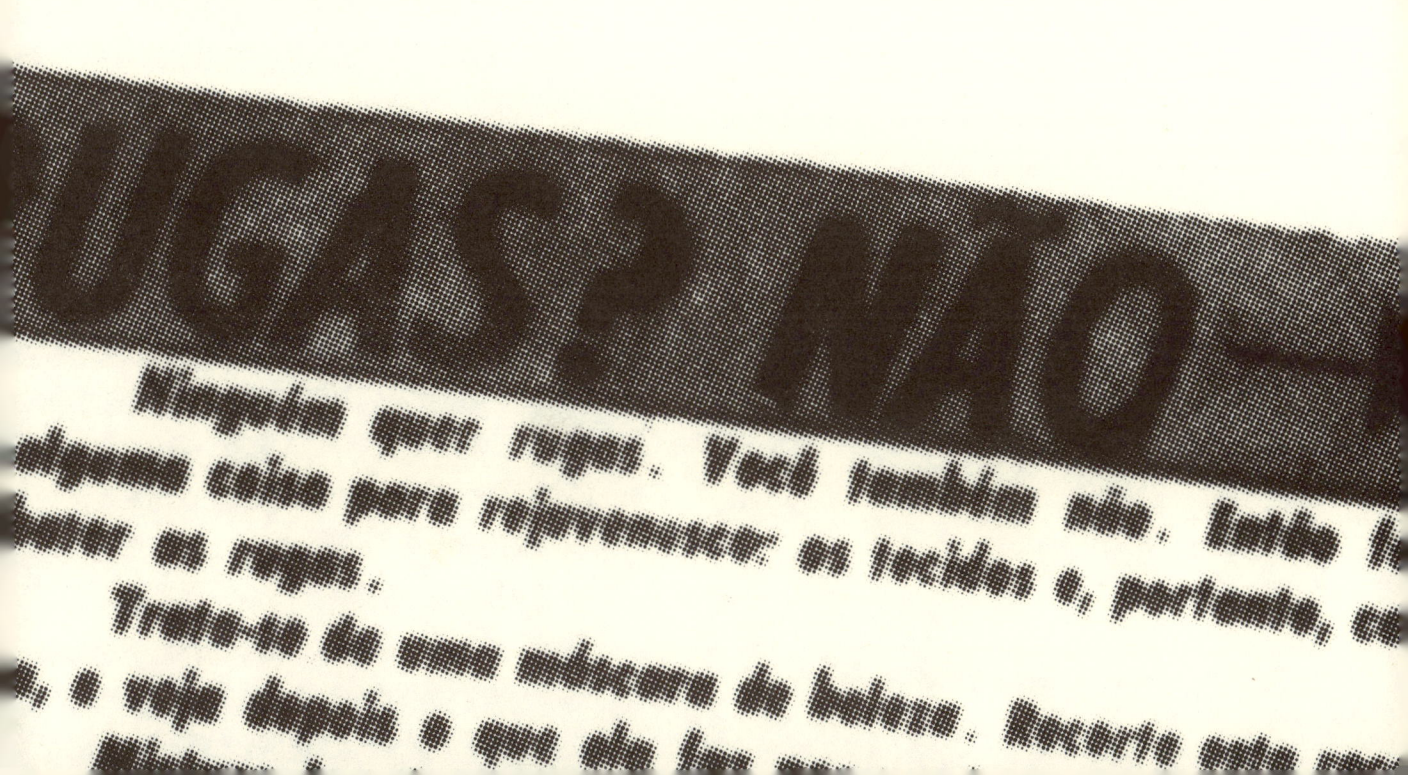

Adão e as compras

SERÁ O SEU CASO?

Os homens se atrapalham ao fazer compras, principalmente quando não são para eles. Qualquer homem comprará um par de sapatos em cinco minutos, enquanto que uma mulher levará uma ou duas horas para isto. Uma gravata ou outra peça de roupa levarão igualmente pouco tempo. Quando se trata de comprar artigos de luxo, presentes, os homens levarão a primeira coisa que a vendedora oferecer. Ficam aliviados quando deixam a loja, como se tivessem tirado um peso de sobre os ombros.

Qualquer esposa sabe que se mandar seu marido fazer compras de artigos alimentícios, ele em meio às mercadorias comuns trará sempre novidades de preço tão alto que uma dona de casa não se atreveria a comprar. E justificam-se candidamente, dizendo que foi uma pechincha, ou que de vez em quando é bom ter luxos à mesa.

Ainda bem que os maridos não fazem compras diariamente, pois assim a despesa de armazém subiria astronomicamente, ou então, o que é mais provável, ele se acostumaria a ficar estritamente dentro do orçamento elaborado por sua mulherzinha.

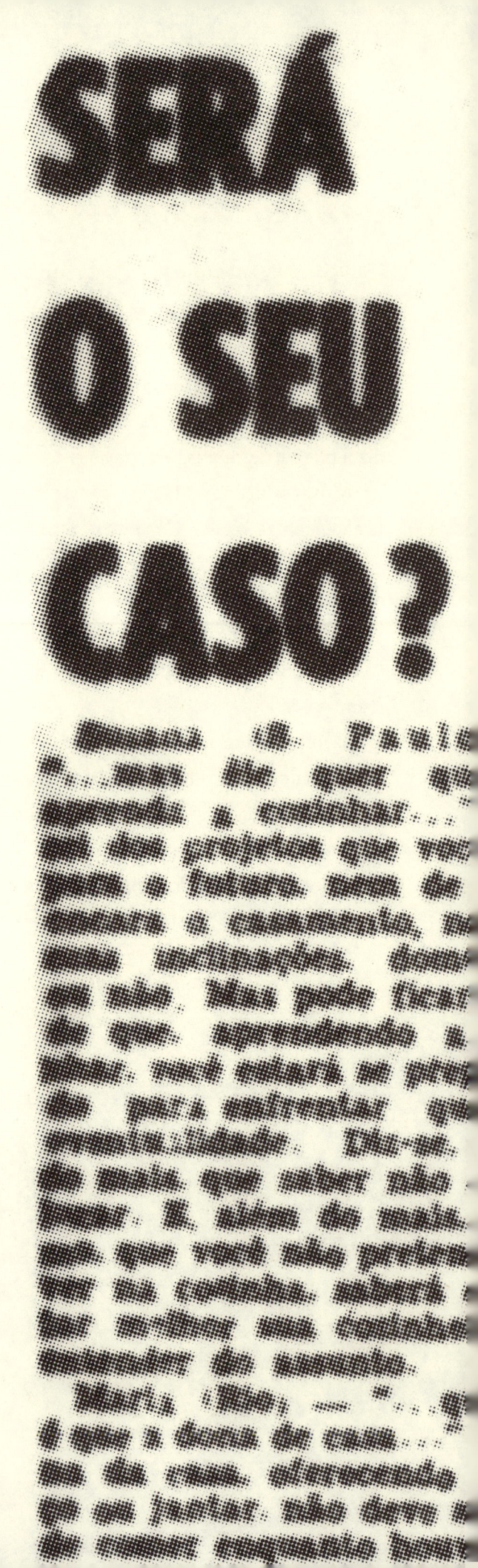

"Mãos de fada"

De fada ou de ninfa, não é só passando verniz nas unhas que se conseguem as mãos ideais. Esse ínfimo cuidado não assegurará a beleza delas, assim como não é só com maquiagem que você mantém a beleza do rosto.

Epiderme seca e unhas quebradiças não enfeitam mão alguma, por mais lindo que seja o seu formato. Se este é o seu caso, experimente mergulhar as mãos num banho de óleo vegetal morno, óleo que regenerará a pele na sua profundeza, agindo como o creme nutritivo age sobre a pele do rosto. Esse mesmo óleo tem a propriedade de evitar que as unhas se partam.

Também a massagem é indispensável, se você quer ter aquele tipo de mãos que atrai o olhar. Pouse o cotovelo sobre a mesa, a mão no ar. Com a outra mão comece por massagear a ponta dos dedos, até os punhos. Termine por uma ligeira massagem no antebraço, o que avivará a circulação do sangue.

Há muitas mulheres que têm as mãos deformadas pela artrite. Um bom remédio local é a parafina, também indicada para combater o engrossamento dos punhos. Passe a parafina bem quente, com auxílio de um pincel. Aplique várias camadas. Envolva as mãos com toalhas e papéis para conservar o calor da parafina. Ao fim de três quartos de hora, ela poderá ser retirada como uma luva.

A escolha de um tom de verniz não deve ser guiada exclusivamente pela moda, mas sempre adaptada ao tom da pele, ao tom do batom, à cor da roupa. Para mãos bronzeadas, quer naturalmente, quer pelo efeito do sol, um rosa bem vivo é bastante bonito. Para peles claras, não queimadas, é muito agradável um tom de framboesa.

Em mãos, os exageros de cor são tão evidentes como as próprias mãos. Pontas de dedos que parecem ter sido mergulhadas numa poça de sangue, não enfeitam ninguém. Um verniz irisado, com brilhos de pérola, é altamente contraindicado para fazer esporte, por exemplo. Aliás, para uma mulher esportiva o melhor é um tom claro, quase natural.

Navio dormitório

A mais famosa especialidade no lago Léman, é um "navio do silêncio", que parte todos os dias do porto de Evian transportando a bordo, por algumas horas, pessoas que querem repousar os nervos longe de qualquer ruído. Estirados em espreguiçadeiras, sob os cuidados de enfermeiras que zelam pela calma a bordo, os passageiros dormem ou contemplam a tranquila paisagem lacustre numa atmosfera difícil de se criar em terra.

Um detalhe curioso: não se admitem a bordo pessoas com traqueíte ou outras doenças que provoquem tosse.

Plástico é melhor

Nunca use pratos de louça em vasos de plantas que estejam sobre móveis, pois a louça permite transpiração da umidade, manchando o móvel. Dê preferência a um descanso de matéria plástica.

Presente de rei

O rei Salomão, desejando presentear a sua amada rainha de Sabá, ofereceu-lhe um estojo contendo 629 pérolas escolhidas e perfeitas. Esse número, que poderá parecer extravagante, é o quadrado de 23, idade da bela rainha, nesse tempo. Presente digno, na verdade, de um rei. Mas os homens mudaram tanto, não é mesmo?

Falam os homens da volubilidade feminina

No entanto, quem já ouviu contar de algum viúvo que se tenha deixado morrer por não resistir à falta da criatura amada? E se algum houve – um fenômeno! – foi logo chamado de louco. Pois, na Índia, era costume serem queimadas as mulheres que perdiam seus maridos. Os ingleses, quando quiseram abolir essa onda de "suicídios" obrigatórios, encontraram grande oposição, e por parte, justamente, das mulheres, que teimavam no sacrifício de si mesmas, após a perda do homem amado. E foi com grande dificuldade que os civilizados europeus conseguiram acabar com aquele costume bárbaro.

Vantagens dos brinquedos

Alguns pais acham que os brinquedos das crianças são um desperdício, e evitam gastar dinheiro em bolas, carrinho, bonecas, julgando com isso estarem beneficiando a criança. Engano. O brinquedo é tempo bem aproveitado porque faz parte do processo educativo e do desenvolvimento da criança. Enquanto brinca, ela aprende como usar as próprias faculdades, e o tempo em que está ocupada com um brinquedo, não está ouvindo coisas que não deve, interessando-se por assuntos nem sempre benéficos. Toda criança precisa brincar.

Se você gosta de fazer sanduíches

Observe o seguinte: o pão para sanduíches deve estar razoavelmente fresco, mas não demais. Corte as fatias iguais, sendo preferível mandar fazê-lo à máquina. Passe pouca manteiga e ponha o recheio apenas em uma das fatias. Coloque estas sempre em ordem, cortando depois transversalmente em uma ou duas vezes.

Sapatos cômodos

São indispensáveis para a saúde. Os calçados apertados ou malfeitos, além das dores que causam aos pés, atacam o sistema nervoso. Se você trabalha, minha amiga, uns sapatos leves, cômodos, ventilados, e de saltos baixos são os mais indicados. Os saltos muito altos provocam o deslocamento das vísceras e da coluna vertebral, e usá-los durante muito tempo pode afetar-lhe seriamente a saúde, causando efeitos que aparecerão com o tempo.

Estranha prova de amor

Entre os povos do golfo de Bengala é costume, quando o marido morre, a mulher, como prova de amor, cortar e mandar enterrar com ele um pedaço do próprio dedo. Outros povos existem que trocam suas juras de amor sincero trocando as aparas de suas unhas. Esquisito, não?

Isto sim, é reconhecer os direitos da mulher!

Imagine, minha amiga, que, na Tailândia, toda mulher que chega aos trinta anos de idade sem arranjar marido, tem direito de fazer uma petição ao governo, solicitando um esposo. O chefe da nação, de acordo com a lei, designará então um de seus súditos a casar-se com a solicitante. Não seria formidável essa medida aqui no Ocidente, para acabar com a rebeldia masculina ao "casai-vos e multiplicai-vos"?

Um presente saboroso

Esta eu li em *Seleções*. "Desejando obsequiar a sua mãe com um presente caro e vistoso, um empresário de Hollywood, depois de muito percorrer as lojas e casas de raridades, encontrou e comprou um maravilhoso pássaro da Índia, que falava onze idiomas e cantava óperas. Encantado, pagou por ele a quantia de dez mil dólares. Dias depois, desejando saber a impressão da obsequiada, que morava em outra cidade, telefonou para ela, a saber se recebera o presente: "Que tal o presente que lhe enviei, mamãe?" "Ótimo, meu filho! Estava saborosíssimo! Comemos ontem mesmo ao jantar!"

Sorvetes e gelados

O sorvete, como qualquer outro gelado, deve ser tomado lentamente, porque dessa forma produz no estômago uma sensação refrescante equilibrada por uma sensação de calor. O sorvete tomado como sobremesa, moderadamente, pode servir como digestivo. Deve-se ter cuidado, porém, em não tomar gelados durante a digestão. Para que esta se processe com regularidade é necessário ao estômago uma certa dose de calor, e ingerir gelados, nesse período, seria quase que tomar um banho frio.

Carne descansada

Quando quiser conservar carne no congelador, deixe-a primeiro um dia na geladeira para escorrer uma parte do sangue. Assim, ela ficará mais macia e "descansada". E aproveite a água de sangue para regar a sua planta predileta. Nada melhor para as plantas, sobretudo as de folhagens.

Definição

Diplomata é um homem que pode ganhar numa discussão com sua mulher sem que ela perceba que saiu perdendo.

Lin Yutang escreveu

Os trajes femininos são apenas meio-termo entre o confessado desejo das mulheres de vestir-se e o inconfessado desejo de despir-se.

Uso inesperado da hortelã-pimenta

Você sabe que a hortelã-pimenta tem um cheiro muito agradável, e, colocada em armários, gavetas, cozinha, embaixo de tapetes, espalha pela casa uma sensação de "clima fresco"? Acontece, porém, que os ratos têm horror a hortelã-pimenta, e fogem dos lugares que rescendem a essa folha. Assim, pois, você tem dois proveitos num só saco.

Arrogância do arranha-céu

Phillip Johson, arquiteto americano de renome, nega que haja realmente necessidade de se construírem arranha-céus:

"Não existe, na verdade, razão nenhuma para construirmos em altura, a não ser porque assim o desejamos. Com planos apropriados de urbanismo, construções menores podem solucionar qualquer problema de espaço numa cidade... A construção em altura não passa de uma concretização de arrogância do homem moderno."

Cuidado com os ovos

Os ovos somente devem ser consumidos quando frescos, porque os germes penetram mesmo através de suas cascas malconservadas, e podem produzir graves intoxicações, mesmo fatais.

Para saber se o ovo está fresco, verifique primeiro a transparência, que é sempre maior no ovo em bom estado.

Outro modo seguro de verificar o estado do ovo: mergulhe-o numa vasilha com água e 10 % de sal. O ovo fresco mergulha e vai ao fundo. O ovo estragado fica boiando.

Boca bonita: sua joia

— Pinte antes o lábio superior, com pincel, marcando a reentrância do centro.

— Para ter boca jovem: não pinte até os cantos.

— Ao pintar o lábio inferior, ultrapasse um pouco a linha natural.

— O contorno dos lábios com lápis mais escuro é truque bom para a noite, mas artificial demais para o dia.

— Se o "coração" da boca é anguloso demais, arredonde as duas pontas com pincel ou lápis.

— Lábios grossos demais: passe batom só no centro, desenhe o coração sem acentuá-lo, não pinte até muito perto das comissuras.

— Boca pequena demais: aumente meio milímetro em todo o contorno dos lábios.

O acessório que renova

"Não tenho nada para vestir" é uma frase que se ouve muito, e que a gente diz muito. O que não significa a compra de um vestido novo, cada vez que "não se tem o que vestir". Mulher bem-vestida é, em geral, pessoa que "sabe" usar os acessórios. Saber usar acessórios é saber combinar, saber renovar todo um conjunto com um detalhe bem imaginado – é dar um "jeitinho" de novidade a um traje que caiu na rotina.

Os cabelos e os penteados modernos

Uma das perguntas mais frequentes sobre cabelos: cortá-los fortifica-os? Sim, no caso de cabelos "doentes". Será benéfico aparar as extremidades – um ou dois centímetros. Cabelos que tendem a bifurcar – e alguns até a trifurcar – devem ter as pontas frequentemente aparadas. Mas se seus cabelos estão em estado normal, continuarão bem, mesmo sem a intervenção cirúrgica da tesoura.

Em muitos penteados modernos é de uso "encher" a cabeleira com o próprio cabelo "desfiado" com o pente. Essa operação danifica o cabelo? Não é especialmente recomendada, sobretudo quando se trata de cabelos muito finos. Ao desemaranhá-los, principalmente, é que o dano ocorre.

O que fazer para não partir os cabelos? Ao desemaranhá-los, nunca iniciar pela raiz. É pelas pontas que se começa – e, à medida que o pedaço emaranhado permita a passagem do pente, subir mais um pouco com o mesmo. Até chegar à raiz. Outro ingrediente indispensável para não quebrar cabelos, seja com o pente ou escova: usar paciência.

A sós

O que a mulher faz, quando o marido não está em casa e vice-versa? Comecemos pelo "vice-versa". Quando o homem chega em casa e não encontra a mulher, a primeira coisa que faz é abrir a porta da geladeira e olhar tudo que tem dentro, terminando por batê-la com força. Pega a primeira revista que encontra e lê os anúncios, depois vai até à janela e olha para fora.

Pega o cachimbo, abre a porta do bufê para procurar o limpador do primeiro, deixando cair todos os livros de receitas, guardanapos e descansos de prato e talheres. Para remediar o estrago, amontoa tudo novamente lá dentro e fecha a porta depressa. Vai até ao quarto e remexe as gavetas da cômoda. Tira a gaveta do lugar e põe em cima da cama. Descobre dentro dela três bolas de tênis, tira-as e põe a gaveta de novo, no lugar. Volta então para a cozinha, abrindo outra vez a porta da geladeira, olhando dentro e batendo com força a porta da mesma. Olha pela janela e em seguida repete a rotina da geladeira.

Quanto à mulher, nos primeiros trinta minutos depois que o marido saiu de casa, arruma o cabelo em frente ao espelho, vai até à cozinha e põe as panelas no fogo, desentope o bico de gás com um grampinho de cabelo, volta ao quarto e experimenta mais uma vez o vestido novo, para ver o efeito.

Depois então, conversa com uma amiga ao telefone, guarda os jornais que estão espalhados pela casa, mas não antes de ler todos os anúncios sobre modas e assuntos idênticos. Abre a porta da rua, para ver quem tocou a campainha, lê a correspondência, arruma o quarto, experimenta de novo o vestido novo e em seguida, todos os outros que estão no armário.

Como podem ver, não existe assim tanta diferença entre um e outro...

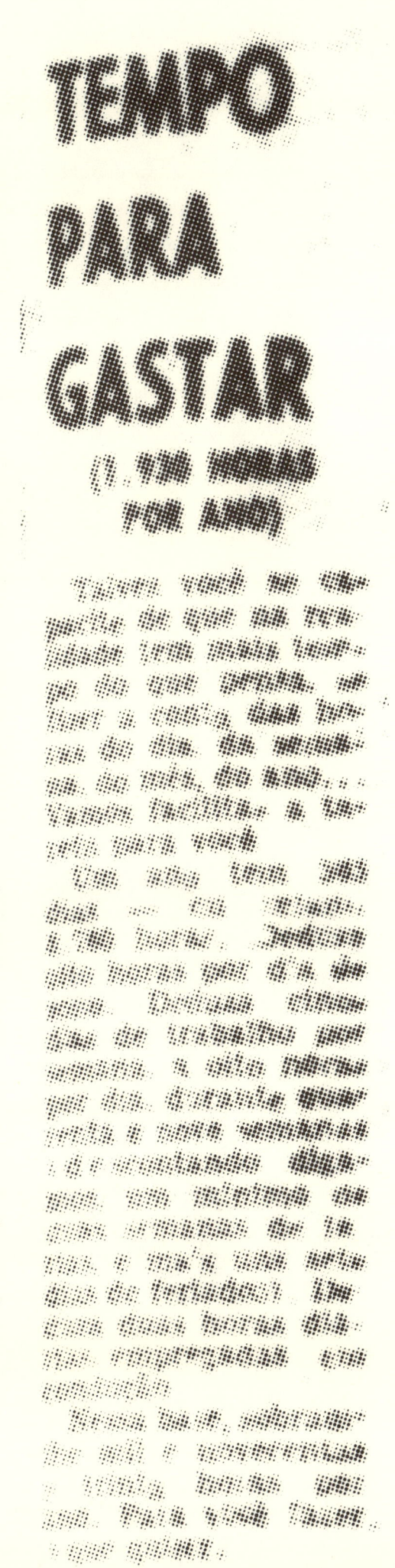

Excesso faz mal

Existem crianças que choram, justamente porque estão alimentadas demais. Se uma criança passa bem o dia todo, tem saúde perfeita, mas na hora de dormir, depois que toma a última mamadeira chora a mais não poder, o mesmo fato se repetindo à hora da sesta, então é porque ela se alimentou muito.

Depreende-se que a alimentação a perturbou, uma vez que a operação de mamar exige esforço e um certo grau de concentração.

Para resolver esse caso, o mais prático é não dar mamadeira à criança quando for pô-la na cama. Procure aumentar as refeições durante o dia, adicionando mais leite aos pratos que fornecer à criança.

Se você acha que não deve tirar a última mamadeira, procure administrá-la no seu colo, em vez de fazê-lo na cama. Coloque a criança numa posição confortável, amamente-a e depois de ter terminado, embale-a um pouco, fazendo antes com que arrote. Distraindo-a durante alguns minutos, é bem possível que ao fim destes, ela se sinta melhor e possa ir para a cama, pegando no sono sem maiores dificuldades.

Ternura

A ternura é justamente o contrário do desplante, da ira ou da impertinência. É a hóspede agradável de um lar, e que nos envolve no amor. É ela que engrandece as mães, que nos dá esse sentimento que nunca farta...

A ternura é uma fonte inesgotável de bem, é a grande conquistadora que tudo consegue e tudo vence. O que ela não consegue é difícil de alcançar por outros caminhos.

No entanto, muitos a desprezam; o mundo sofre, assim, um declínio, todos se tornam descomedidos e a impertinência reina; só vemos excesso de autoridade e maneiras rudes: tanto na dona da casa, como na criança, nos filhos e nos pais.

Às vezes temos mesmo a impressão de estarmos debaixo do império da grosseria!...

Uma Criação Feliz

Madrugada

Existe um aspecto da cidade desconhecido para muitos, quase exclusivo dos que deixam o calor da cama para o trabalho, e para quem a vida começa antes que apareça o sol...

A cidade dorme, e na fumaça das chaminés que se mistura às nuvens, aparecem os primeiros vestígios de vida...

Logo, os que lutam verdadeiramente pelo seu pedaço de pão, tomam ônibus e trens, e lá vão, amontoados e silenciosos, homens e mulheres, são os que mais se esforçam na luta implacável pela sobrevivência.

Somente quem se levanta cedo pode calcular o que a população de uma cidade consome também de pão para o espírito. São pilhas de jornais que chegam às bancas onde já os espera o jornaleiro – este grande madrugador – que depois irá distribuí-los de porta em porta para que todos saibam o que se passa por este mundo de lutas.

O valor da literatura

Era uma vez, há não muito tempo, quatro homens que morreram no mesmo dia, na mesma cidade. O primeiro era escritor e deixou 5 mil dólares; o segundo era livreiro e deixou 30 mil dólares; o terceiro era editor e deixou 500 mil dólares; quanto ao quarto, seus herdeiros dividiram entre si 5 milhões de dólares. Tratava-se de um negociante de papéis velhos.

A experiência de Sinatra

Diz Frank Sinatra que a arte de conquistar uma mulher se resume em compreender o que ela não diz... Terá Sinatra razão?

Dormir para ser bela

As horas de sono devem ser reguladas, não apenas devido à saúde, mas também para conservar a beleza. Sete a oito horas de sono por noite é o ideal. E desculpar-nos das noitadas, dizendo que recuperaremos as horas de sono perdidas dormindo de dia é tolice, pois o sono realmente reparador é o noturno. O horário indicado será de onze horas da noite às seis ou sete da manhã. Organizando assim a sua vida, a mulher consegue manter os nervos equilibrados, e todos os efeitos devastadores causados pelos nervos ou pelo cansaço desaparecerão. Como as olheiras, as rugas, a pele embaçada ou manchada, o ar de exaustão que traduz velhice. O hábito de deitar tarde apressa a chegada da idade. Naturalmente que isso não quer dizer proibição terminante para festas, bailes ou boates. Mas quer dizer proibição ao abuso. Dormindo pouco, nossos nervos ficam excitados, o corpo ressente-se do esgotamento – pois nada é mais exaustivo que a falta de um bom sono – e lá aparecem, nos olhos, na pele, nas linhas do corpo, nos cabelos, os sinais que tanto perturbam e abatem uma mulher.

Se a falta de sono compromete a saúde e a beleza, porém, o sono em excesso provoca o acúmulo de gorduras, e a obesidade é a nossa maior inimiga. Dormir dez ou doze horas, por dia, provoca o enlanguescimento, a falta de ânimo, traz hábitos sedentários e, em pouco tempo, toda a elasticidade, toda a esbeltez, tudo que era sintoma de mocidade desaparece. A mulher jovem transforma-se numa matrona indolente e sem encantos.

O sábio, portanto, repito, é dosar convenientemente as suas horas de sono, evitando o cansaço e os sinais reveladores de uma noite em claro, e fugindo à moleza e ao excesso de peso.

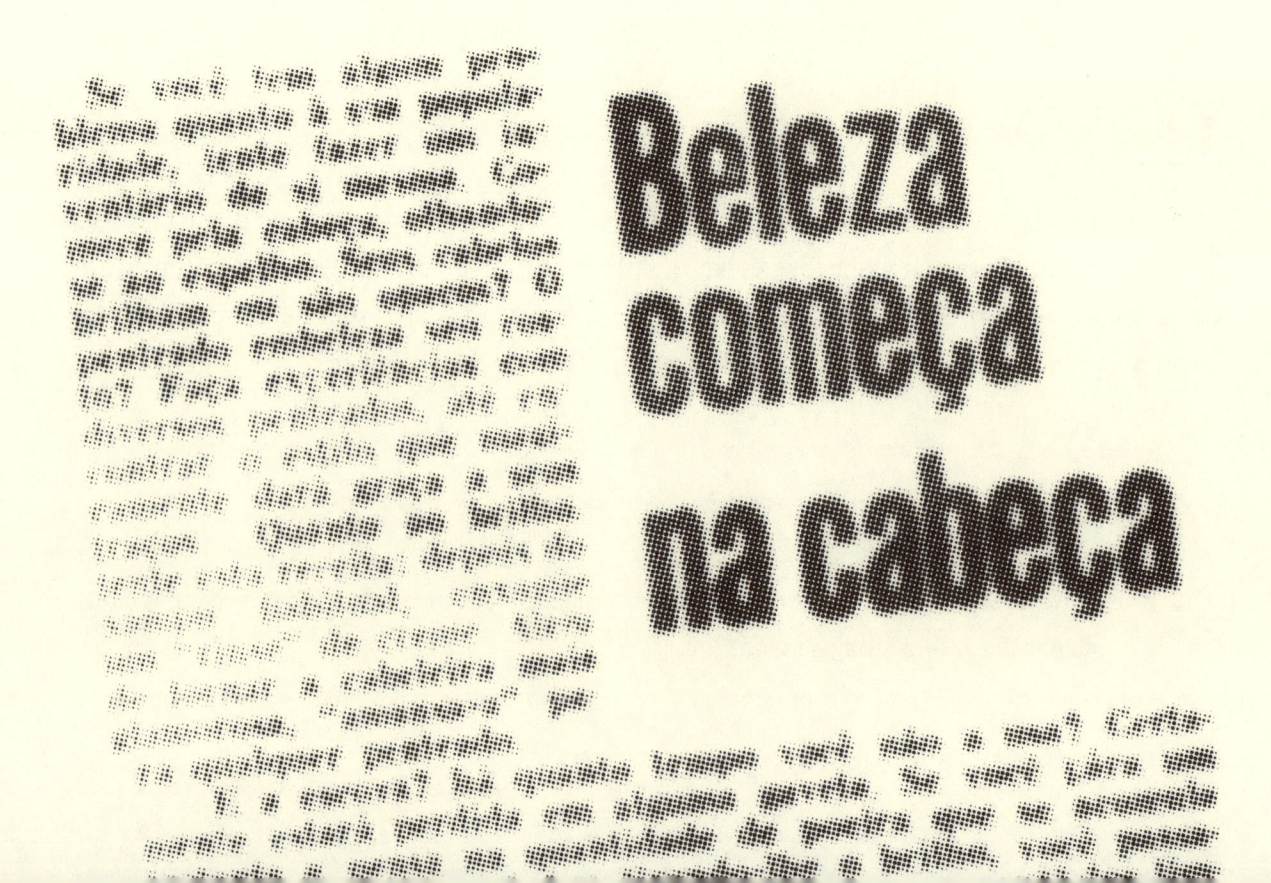

Beleza começa na cabeça

O cachorro-quente através da história

O popular cachorro-quente está tão intimamente ligado à cozinha norte-americana, que é quase universalmente considerado prato nativo daquele país. No entanto, há milhares de anos o homem já saboreava o ancestral de todos os cachorros-quentes que hoje correm mundo.

Primitivamente, a salsicha não era levada ao fogo e, sem nenhum tempero, carecia do sabor especial e característico de sua versão atual.

Seu aparecimento é registrado em Roma. Lá recebeu o nome de *salsus* (vocábulo latino que significa salgado) e o imperador Constantino, o Grande, o incluía entre os pratos de luxo, considerados excessivamente bons para o homem comum.

Na Idade Média acrescentaram-lhe especiarias e obtiveram comidas gostosíssimas. Nestas, sim, já se reconhece um parente do popular sanduíche de nossos dias.

Os americanos rechearam-no de Viena, razão por que inicialmente o chamaram Wiener. Claro está, deram-lhe cor local: levaram a salsicha ao fogo, trancafiaram-na dentro de um pão e, cobrindo-a com a maior variedade de condimentos picantes rebatizaram-na: hot-dog.

Mulheres na vida de Churchill

Na vida de Winston Churchill projetam-se duas grandes mulheres. Sua mãe, Jennie Jerome – cujos antepassados lutaram sob George Washington – encaminhou-o para a política, e sua mulher, Clementine Hozier, descendente de briosa família escocesa, proporcionou-lhe um verdadeiro lar.

Diz Churchill: "Minha mãe pareceu-me sempre uma encantadora fada, de poder e riqueza ilimitados." Nos momentos difíceis de sua carreira política, agia como se ela ainda o estivesse vendo.

Sua mulher, excelente dona de casa, o fez considerar o próprio casamento o fato mais feliz de toda a sua vida.

Duplo crime

Um rapaz comparece perante um tribunal de Minneapolis. Seu crime: ter beijado a namorada enquanto guiava um automóvel.

— Condeno-o ao máximo da penalidade, pronuncia o juiz, pois fez ao mesmo tempo duas coisas que exigem de um homem a maior atenção!

Curiosidade

Antigamente, na Babilônia, o casamento era feito de forma muito interessante: as jovens à procura de noivos eram levadas em leilão ao mercado público. Os altos lances alcançados pelas bonitas eram depois divididos entre as feias, que, levando esse dote, eram por sua vez levadas ao mercado e conseguiam maridos também, atraídos pelo dote. Com esse método, é claro que os noivos pobres jamais tinham chance de arranjar mulher bonita.

Beijo fatal

Existe uma lenda que fala de um nobre espanhol, Don García de Peralta, que se apaixonou loucamente por uma jovem índia. Esta, porém, amava a um moço de sua tribo, e não aceitou as homenagens e as propostas de Don García. Furioso, o nobre mandou aprisionar o eleito de sua amada e torturá-lo. Vendo que só havia um caminho para salvar o homem que amava, a moça procurou Don García, oferecendo-se a ele pela liberdade do índio. Encantado com a vitória, Don García pôs-se a beijar os lábios da índia... caindo morto. É que a jovem besuntara os próprios lábios com um veneno violentíssimo, usado pelos índios em suas setas.

Costumes que muitos maridos gostariam de adotar

Havia na Armênia um costume que obrigava toda moça que se casava a não falar uma palavra até o dia do nascimento de seu primogênito. Ela se fazia entendida por meio de gestos e mímica. Essa curiosidade é contada no livro de um autor alemão, que afirma a sua veracidade. Estranho, incompreensível e, de certa maneira, difícil de crer-se. Mas muitos maridos gostariam de adotá-lo em suas casas, eu garanto!

Sedução masculina

Gilbert Bécaud – no concurso dos homens mais sedutores de 1961, feito na França – recebeu os votos dos membros mais jovens do júri. Françoise Sagan queria que ele recebesse todos os louros. Daniele Gaubert (fascinada por Alain Delon) queria o segundo lugar para ele. Bécaud tem trinta e três anos de idade e portanto doze de menos que seu ídolo Frank Sinatra. O que agrada nele é a mistura de fantasia e de capacidade de trabalho. Ao que parece as mulheres de 1961 não gostam de homens fúteis, pouco sérios. Bécaud é casado e tem dois filhos.

Frank Sinatra foi o número seis. Durante vinte anos foi um abandonado na Broadway. Os empresários achavam-no feio demais... E então aconteceu o milagre: descobriu-se um charme inexplicável nesse homem pequeno que parecia suportar nos ombros os sofrimentos do mundo. Quando o charme se tornou público Sinatra transformou-se no cantor mais bem pago dos Estados Unidos. O júri votou nele sem contudo conseguir explicar a natureza da sedução que ele exerce: ele próprio inventou o "charme Sinatra" e guarda consigo o segredo da invenção.

Um rosto doce de mulher

O rosto de 1960 é rosto doce de mulher. Assim como os olhos perdem aquele ar "pisado" de quem se levantou como um fantasma no meio da noite, assim a boca não grita – pelo menos no tom do batom...

Os batons estão bem claros. Os contornos dos lábios traçados em cor mais escura, mas sem formar um contraste violento.

O batom é transparente, deixa adivinhar a pele fresca dos lábios. Qualquer tom de sua escolha, mas transparente, ligeiramente úmido, na gama dos rosados.

O desenho dos lábios? Há mulheres que até já esqueceram como a natureza lhes fez a boca. Talvez algumas tenham a surpresa de descobrir que têm um desenho muito mais bonito que o traçado com um pincel...

Mas tudo isso é coisa a ser estudada, experimentada – e adaptada. Não algo que você precise de um "retiro espiritual" para decidir, mas a verdade é que essas coisas precisam de algum tempo de observação. Porque é possível que não lhe assente o tom claro demais; talvez seu rosto exija uma cor mais resoluta. É possível que a linha de seus lábios exija aquele mínimo retoque de traço que faz toda a diferença entre o "bonito" e o "lindo". E você – isto é certo – preferirá o lindo.

Cuidado com a moda. Ela é uma generalidade, e você é um indivíduo, isto é, alguém muito particular. Conheço uma jovem cuja pele é rosada demais. Ela não hesitou em seguir a moda, e pinta os lábios num tom róseo bem pálido. O resultado? O resultado é que a gente custa a descobrir onde começa e onde acaba sua boca: tudo se misturou numa só cor informe.

Por falar em informe, o traço que acentua mais vivamente o contorno dos lábios é exatamente destinado a tirar o "informe" dos lábios. Pois quando falei na doçura do rosto não me referia a um rosto apagado e inexpressivo. Referia-me a uma doçura que não prescinde de certa firmeza.

Amor versus idade

Os especialistas no assunto afirmam que a mulher moderna prolongou de vinte anos o período mais rico de sua vida, o da sedução. E tudo isso afirmado com base biológica. Segundo as estatísticas, a longevidade humana foi consideravelmente aumentada: no século XVII, a maioria das pessoas morria pelos trinta e cinco anos, enquanto que atualmente a data fatídica gira em torno dos sessenta e cinco. Hoje, a mulher de cinquenta anos não é mais velha do que a mulher de vinte e nove anos de 1830, ou de trinta e cinco anos em 1900.

Conselho da médica Anna K. Daniels: "interesse-se pelo que a rodeia. Uma vida psicologicamente pobre é uma vida que tem pouco contato com a dos outros. Uma vida rica e feliz atrai. Viva de um modo útil, prestando serviços. Não abandone suas atividades (ou o mais tarde possível). Se você se aposentar, que seja para ir ao encontro de alguma coisa e não para abandonar alguma coisa."

Convença-se de que, se as mulheres mudam, também os homem evoluem com a idade, nos desejos e nas exigências. O amor que eles reclamam se alimenta mais de compreensão, de presença. Deseja uma plenitude sentimental mais delicada, mais profunda. A dra. Daniels cita a fórmula de Saint-Exupéry: "Amar não é um olhar para o outro, mas os dois olharem na mesma direção."

As romanas

As mulheres do Império Romano queriam as madeixas encaracoladas e macias. O ideal delas era aproximar-se da Deusa Loura.

As que eram pobres viviam na certa enrolando incessantemente os longos cabelos até conseguir a cabeça estatuesca.

E as ricas? As ricas mandavam buscar perucas louras da Alemanha. Usavam sobrancelhas falsas. Pintavam o rosto com um pó extremamente branco. Ficavam uma beleza mesmo.

As artistas de cinema

Depois do cabelo escorrido e colado à la Pola Negri, o tipo de vampe se transformou.

E aparecia esse colosso de cachinhos, imortalizado por Clara Bow, a da fotografia.

E as mulheres, cumprindo seu dever de fazer da beleza o que na época se precise como ideal, as mulheres todas adaptaram o rosto ao novo padrão.

A boca era pintada em arco de coração, boca de Cupido. As sobrancelhas bem mais altas e mais finas, arqueavam-se – e sugeriam um estado permanente de *ennui*.

Clara Bow – na qual foi descoberto o fenômeno do it... O que é it? Essa pergunta equivale a perguntar-se: o que é o "quê?" Pois it é algo indefinível, que independe mesmo da beleza. É algo que atrai, um magnetismo que está ali, e não se sabe como e por quê. It é o que todas as mulheres gostariam de ter. Vale mais que a beleza.

Para quem gosta de bolo

Todo forno tem duas prateleiras. Ao assar um bolo, coloque debaixo uma bandeja de folha com água. Este pequeno estratagema fará que o bolo asse por igual, sem queimar de um lado, como tantas vezes acontece.

Você quer saber se é bonita em... Roma?

Aqui está a regra, dada por Renato Castellani, diretor de cinema. Atendendo a curiosidade de dois jornalistas quanto às proporções do corpo de uma mulher idealmente "perfeita", segundo os modernos critérios da estética, diz ele: "Cada época, cada país, até cada moda estabelecem um cânone diferente de perfeição para a mulher; em 1925 ela não devia ter nem busto nem ancas; em 1890, a cintura devia ser irracionalmente fina; aos turcos, agradam as mulheres gordas, a certos indígenas negros, as de pescoço incrivelmente longo, com anéis.

"A proporção e a beleza não residem no objeto, mas nos olhos e no coração de quem o vê. Em Roma, pode julgar-se suficientemente proporcionada e perfeita a mulher, entre 19 e 26 anos, que, andando cerca de uma hora e um quarto numa rua normalmente cheia de gente, sinta murmurar não menos de oito vezes: Bona. Esta regra não vale para outra cidade, porque bona é expressão tipicamente romana."

Os inimigos do bronzeamento

Quais são os alimentos que aceleram o bronzeamento da pele? Muita gente crê que os legumes coloridos, as saladas, a clorofila ajudam. Mas na realidade esse tipo de alimento intervém na medida em que dá vitaminas ao corpo. O que é necessário é uma alimentação variada e equilibrada – carne, legumes, frutas, com bom teor de cálcio, graças ao iogurte, a queijos, laticínios.

Inimigos do bronzeamento são, por exemplo, os produtos de enxofre, e todos os remédios destinados a fazerem o fígado funcionar. A fenolftaleína também é um fotoestabilizante, provoca lesões pigmentárias (manchas marrons ou cinza).

Inimigos "exteriores" do bronzeamento são certos cremes espessos demais, "bases" compactas, maquiagens carregadas que constituem uma tela entre o sol e a pele.

Seu pescoço

Disfarce um pescoço curto demais evitando: golas alongadas, cabelos compridos, colares apertados, mangas bufantes, ombros altos, decotes altos.

Disfarce um pescoço longo demais evitando: vestidos muito decotados e cabelos curtos demais. Prefira a gola alta, o decote afogadinho, os cabelos caídos.

Rugas no pescoço

Antes de maquiar-se passe o seguinte adstringente (especial para desengordurar a pele do pescoço): 250g de água de rosas, 250g de pedra-ume.

... e sobrancelhas

Rosto oval – ruge em forma de triângulo, subindo para as têmporas, e esmaecendo para baixo. (Sobrancelhas em curva bem suave.)

Rosto redondo – ruge ao comprido, para "ovalar" o rosto. (Sobrancelhas um pouco para o oblíquo, a fim de "erguer" o rosto.)

Rosto retangular – ruge bem alto, sem espalhar para os lados; assim o retângulo é amenizado. (Sobrancelhas de curva bem firme, subindo um pouco.)

Rosto em pera – ruge perto do nariz, e ao comprido. (Sobrancelhas subindo para as têmporas.)

Rosto em coração – ruge em triângulo e bem alto. (Sobrancelhas espessas, sem muita curva.)

Rosto quadrado – ruge afastado do nariz, e em círculo, a fim de afinar a parte inferior do rosto. (Sobrancelhas não devem ser muito curvas.)

O maior jardim botânico...

...**d**o mundo é Kew Gardens, nos arredores de Londres. Fundado em 1759, pela princesa Augusta, mãe de George III, esse jardim botânico é, todo ano, visitado por cerca de dois milhões de pessoas. Possui mais de 45 mil variedades de plantas, e um botânico pode estudar praticamente a flora de qualquer parte do mundo entre os 6.500.000 espécimes secos de seu herbário.

Estímulo aos filhos

Os pais devem ter em mente que o emprego de elogios e recompensas é muitas vezes mais produtivo que o castigo.

A criança que tenha persistido no hábito de urinar na cama durante alguns anos, mesmo quando castigada, envergonhada e rudemente repreendida, pode perder o hábito em poucas semanas com palavras de estímulo e uma simples recompensa.

Quando a criança conseguir bons resultados, deve receber elogios eloquentes. Quando falhar, não se façam comentários.

Os elogios e recompensas não devem, porém, ser distribuídos a esmo, impensadamente. As recompensas têm que ser dadas com paciência. Em algumas famílias são levadas a tal exagero que as crianças esperam ser pagas por tudo. Não se lhes deve dar nada para fazer as tarefas cotidianas de ajuda à mãe. A questão muda de aspecto, no entanto, quando se trata de implantar um hábito novo ou ajudá-las a vencer alguma dificuldade.

Modelo "contrabando"

Atualmente, estão sendo vendidos, nos Estados Unidos, sapatos com saltos ocos e desatarraxáveis, com espaço no seu interior para conter um batom, um pequeno espelho e alguns níqueis. Essa moda, curiosamente, se inspirou na tática dos contrabandistas de pedras preciosas, de esconderem seu contrabando no salto dos sapatos.

Creme

Todas as vezes que for calçar luvas para serviços caseiros, unte as mãos com um creme de nutrição. Isto evitará que as mãos fiquem secas e enrugadas.

Para amaciar as mãos

Um remédio caseiro e eficiente é o tomate. Ele não serve apenas para tempero de saladas, mas também para amaciar as mãos estragadas pelos trabalhos caseiros, fazendo desaparecer as manchas deixadas pelos legumes e frutas.

Você sabia...

Que a origem do nome Hortênsia deve-se a uma mulher? Pois foi Hortense, esposa do relojoeiro Lepaute, a quem o naturalista Commerson quis homenagear, a inspiradora do nome para a bonita flor.

As aparências enganam

Madame de Montespan ficou famosa pela riqueza ostensiva de seus vestidos. Usava-os de ouro, assombrando e provocando a inveja de outras mulheres da corte. Estas, porém, trataram de descobrir, que, sob aquelas vestes riquíssimas, escondia-se uma das mulheres mais malcheirosas e sujas que já houvera. E da inveja passaram ao desprezo e às anedotas.

Moças de baixa estatura...

Devem evitar os franzidos em suas roupas. Os chapéus que escolherem não devem ser muito grandes, e sem muitos enfeites. Aliás, a moça baixa deve vestir-se com simplicidade maior que a moça alta. Nas cores, porém, prefira os tons fortes. Os tons rosa e azul suave, por exemplo, devem ser evitados. Contribuirão para tornar sua figura infantil e menor ainda. Use estampados.

Quando os cabelos não são lavados

Nesta segunda aula descreveremos um quadro que só não é trágico porque trata simplesmente de cabelos que deveriam ter sido lavados e que não o foram. Isto, para um homem, pode parecer futilidade de mulher. Mas é que os homens nunca adivinharão como uma mulher é insegura a respeito de si mesma. Eles chamam o sexo feminino de "frágil", mas não entendem que um dos sintomas de fragilidade da mulher está exatamente numa insegurança que faz com que ela pense depender – e o seu futuro – de um grampo bem colocado ou uma cabeça bem lavada.

Bem, voltemos aos cabelos que não foram lavados. A solução é lavá-los. Mas esqueci de dizer que não está dando tempo de lavar, enrolar, secar. "E com cabelos sujos, não vou!" Bem, não há necessidade de ir assim. O socorro de emergência tem que levar em conta o seguinte: cabelos não lavados são cabelos oleosos, com o brilho empanado pela poeira, e com um ar de queda iminente... A solução é limpar e refrescar os cabelos. Há, no mercado, limpadores secos. São um pó que você esparge pelo couro cabeludo e espalha pelos fios com uma escova. Deixa ficar por uns dez minutos, e depois escova, escova, escova, escova, e continua escovando até que o pó some. O que aconteceu? O pó agiu como mata-borrão, a oleosidade desapareceu e a escova, ao retirar o pó, deu aos cabelos vitalidade nova e brilho. Se você não encontrar o tal pó, experimente talco. Lembre-se: se o talco ficar no cabelo, é porque você não o escovou bem.

Outro socorro rápido, no mesmo sentido: antes de enrolar cada mecha, limpe-a com água-de-colônia. Deixe ficar por uns dez minutos, e depois escove.

O chapéu que não é chapéu

Rosto novo em alguns instantes

Embora moça, há dias em que o rosto parece fatigado, escurecido. Se isso lhe acontece com frequência, procure descobrir o que há de errado no seu regime de vida. (Alimentação pouco racional, excesso de preocupações etc.)

Mas suponhamos que você precise ir a uma festa ou a qualquer outra reunião, onde queira "estar bem". Naturalmente não poderá eliminar às pressas o motivo real de sua aparência cansada. Poderá, no entanto, em alguns instantes, "levantar" o rosto, dar-lhe maior vivacidade – e mesmo emprestar aos olhos aquele brilho que reflete ânimo novo.

As sugestões que se seguem são todas eficientes. Procure entre elas a que mais lhe convém.

1 – Prenda os cabelos, desnudando a nuca. Molhe um pano em água bem fria, esprema-o e aplique-o na nuca. Renove várias vezes a compressa. Você se sentirá imediatamente mais disposta. Nunca reparou que os lutadores de boxe, entre um *round* e outro, são submetidos a esse rápido tratamento? Antes de entrar em novas lutas, experimente esse tônico.

2 – Pegue os lóbulos das orelhas entre os dedos e friccione-os até torná-los vermelhos. O rosto todo receberá novo afluxo de sangue e ficará mais "vivo".

3 – Ou aplique compressas frias nas orelhas, um minuto para cada.

4 – Se o cansaço é do tipo "depressão", tome uma ducha quente seguida de jatos frios e fortes. Não demore sob o chuveiro. Tal ducha ativa a circulação, acorda o corpo todo, fazendo também com que desapareça do rosto a nuvem de cansaço.

5 – Se, ao contrário, o rosto está fatigado por excitação nervosa, substitua a ducha por um banho de imersão. Não prolongue demais o banho, senão a moleza sobrevirá.

6 – Deite-se por quinze minutos, sem travesseiro, em quarto escuro. Mas somente quinze minutos, pois, do contrário, o rosto terá um ar mais cansado ainda, e sonolento.

O banho

Água tem grande importância como estimulante e reparadora de energias, quando utilizada corretamente.

Há muitas maneiras de nos aproveitarmos de um banho, para que ele nos dê justamente aquilo de que precisamos.

O banho de imersão, tomado ao acordar, quando se precisa sair para as atividades diárias, não deve ser muito quente, nem prolongado demais. O mais conveniente é o banho rápido, de dez a quinze minutos, tépido. Depois de ensaboar bem o corpo, usa-se a escova de cabo comprido, tirando-se a espuma com água mais fresca. Seca-se a pele com uma toalha felpuda.

O banho de chuveiro tomado pela manhã, ao acordar, deve ser quente, sem ser exagerado. A ducha quente e fria alternada é muito saudável, mas poucas pessoas a suportam facilmente. Tanto o banho de imersão como o de chuveiro não devem ser prolongados, para não se tornarem exaustivos.

Para eliminar o cansaço passageiro, resultado de grande esforço cerebral, ou muitas horas de vigília, acrescenta-se um pouco de sal grosso na água do banho. Isso dará novo impulso ao organismo e dissipará a sensação de fadiga.

As abluções frias e quentes no rosto devolvem-lhe sua aparência de frescor. Nos braços e no busto elas combatem a fadiga que aparece às vezes no final do dia e nas mulheres tornam mais rijos os músculos dos seios.

A juventude do rosto está...

... no olhar. Você já viu um rosto fresco quando o olhar está "morto"? Olhar envelhecido significa rosto envelhecido.

Você sabe o que significa...

... *palming*? *Palming* tem a ver com a palma das mãos, e é um exercício perfeito para o descanso e renovação do olhar. Você pode fazer o *palming* quantas vezes quiser: só lhe fará bem.

Em que consiste o *palming*?

É simples. Coloque as palmas das mãos sobre os olhos, sem encostá-las no globo ocular: assim como se fizesse duas conchas. Só que os olhos devem permanecer abertos, e nenhuma luz pode entrar nas conchas. Experimente. Conseguiu? Simples como água. Ponha as mãos desse jeito; respire lentamente, em repouso, sem pressa. Fique assim, sem pensar em nada, como se estivesse num cinema escuro, com tela preta. Depois procure evocar – e visualizar – uma tela do branco mais branco. Isso é um pouquinho mais difícil, mas os resultados são olhos brilhantes, repousados, jovens.

Para meias bonitas, pernas bem tratadas

Que você goste ou não de meias, o fato é que chegou a época de usá-las. De modo que vamos falar de meias, o que significa também falar em pernas.

Inútil, por exemplo, ter meias finas se você não tiver as pernas bem tratadas, isentas de pelos supérfluos. O uso de lâmina de barbear é fácil e cômodo. Ou, se você prefere, algum dos produtos depilatórios que em toda parte se vendem. Uma fricção com loção suavizante ou um creme não muito gorduroso aveludará a pele.

Você usa meia com costura? Então lembre-se de que a perna parece torta quando a costura está torta.

Um excelente exercício para revigorar as pernas (as meias ficam mais bonitas...) é andar de bicicleta. Se você não dispõe nem de tempo nem de bicicleta, mas dispõe de... um assoalho, não desanime: os movimentos de bicicleta podem ser feitos:

Deite-se no chão, levante os quadris amparando-os com as mãos, e execute grandes movimentos rotativos com as pernas, exatamente como se estivesse pedalando.

O ideal é não ter nenhuma criança por perto: todos os vizinhos terminarão sabendo que mamãe anda de bicicleta no ar. Também sua empregada não deverá estar presente: é difícil exigir dela seriedade e respeito depois desta cena.

Voltando às meias: lave-as todos os dias. E não é só por higiene: elas se conservam melhor, duram mais. Mas não as esfregue, ao lavá-las. Comprima-as várias vezes nas mãos, depois de mergulhadas em água e sabão.

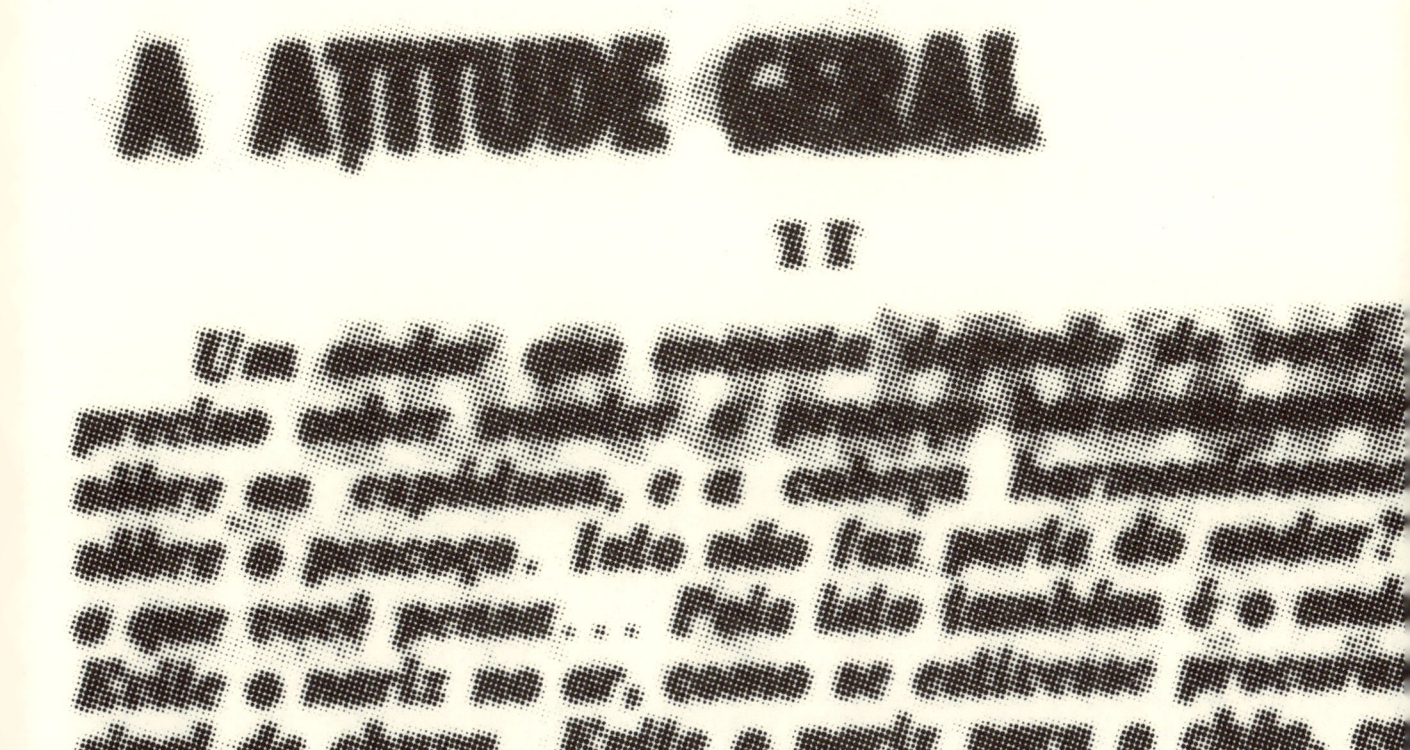

Pose, o segredo das pernas

Com as saias mais curtas, as pernas preocupam mais as mulheres. Vou lhe dizer: com pernas, a questão é mais de pose.

E eis algumas sugestões para a pose de suas pernas...

1- Quando você estiver de pé, mantenha os joelhos juntos, mas não rígidos. O calcanhar de um pé deve tocar ou estar à frente dos dedos do outro pé.

2- Ao sentar-se, ponha os pés para a direita ou esquerda, a ponta de um dos pés "dando a volta" atrás do calcanhar do outro.

3- Ao caminhar, os dedos devem apontar para a frente.

4- Ao caminhar, mova os pés ao longo de duas linhas paralelas imaginárias, com um pequeno espaço entre ambas.

5- E, ainda ao caminhar, limite seu passo ao comprimento de seu pé. (Em outras palavras, o passo não deve exceder, em tamanho, o tamanho do pé – está mais claro?)

Tudo isso dá às pernas graça e forma. E, para pernas sem elegância, bastam esses truques.

Mas se seu problema é perna grossa demais ou fina demais, os exercícios corretivos são também indicados.

Outra coisa que melhora o aspecto das pernas é a leveza do andar. Quanto mais pesadamente você caminhar, mais parecerá grudada à terra – e até mesmo suas pernas parecerão mais arqueadas.

Crianças que patinam em casa

Costure um par de chinelos velhos sobre um pedaço de lã ou feltro. Dê essas pantufas às crianças e diga-lhes que podem patinar, devagar, pelos quartos, pela sala, sem esbarrar nos móveis. Elas vão adorar o brinquedo e você ficará com a casa que é um espelho. Mas, cuidado! Não diga nunca aos pequenos que eles estão trabalhando.

Molho

Para qualquer molho à base de farinha e manteiga ter êxito, derrame o líquido frio (qualquer que seja) e bem devagar. Se usar líquido quente, a farinha se aglutinará, e o conjunto perde a homogeneidade.

Mercado de "jeitinhos"

A roupa preta não está propriamente velha e não está rasgada. Mas que brilho feio. A gente joga fora? Não, dá um jeito. Para tirar o brilho feio da roupa preta esfregue com um pouco de café. Passe um pano úmido, depois, e, em seguida, ferro quente.

E para limpar as golas de casacos ou capas? Ensinaram-me um jeitinho que me pareceu bem fácil: limpar com um pano embebido em vinagre branco.

E outro jeito bem jeitoso: para tirar o cheiro da geladeira, colocar dentro dela um raminho de louro.

Quanto a pias encardidas, que ficam tão feias, o jeito é esfregá-las com uma pasta formada de ½ copo de soda e ½ copo de vinagre.

Recursos que rejuvenescem

Ao maquiar-se, você pode usar de pequeninos truques que a façam parecer mais jovem. Como por exemplo, ao pintar os lábios. Com a ponta do batom ou a lápis de lábios desenhe o contorno dos mesmos com os cantos levemente para cima. A boca de cantos para cima dá um aspecto jovial à fisionomia, remoçando-a. Escolha cores claras, despreze as tonalidades arroxeadas ou carregadas. Evite pintar demais os olhos, que isso envelhece a fisionomia. Também ao desenhar as sobrancelhas, use um lápis mais claro, não o preto que endurece os traços do rosto, tornando-o mais velho. Use os cabelos curtos, num corte que lhe dê um ar esportivo e juvenil. Os cabelos presos envelhecem. Os coques, as tranças, os rolinhos e cachinhos duros também. Quanto mais fofos e soltos os seus cabelos, mas jovem você parecerá.

Evite as tonalidades escuras na sua roupa, porque as roupas escuras dão-lhe um ar severo de matrona. Menos o preto que, inteligentemente explorado, pode beneficiar muito a figura.

Preste atenção também no seu andar. O andar elástico, firme, decidido dá sempre a impressão de mocidade. O andar parado, lento, sugere a meia-idade. Nunca relaxe o corpo, deixando-o cair sobre si mesmo, "amontoar-se" como se já não tivesse músculos. Mantenha a cabeça erguida, o porte ereto.

Tudo isso fará você aparentar dez anos menos. Mas o principal de tudo, o importante mesmo, é cultivar a mocidade do seu espírito, interessando-se por tudo, sendo alegre, afastando o mau humor, a neurastenia, as preocupações supérfluas. Seja jovem pelo espírito e seu corpo refletirá essa juventude.

Tratamento novo para gagos

No St. Mary's Hospital, de Londres, estão aplicando um novo tratamento para curar a gagueira – o método é tão simples que pode ser feito em casa com sucesso. Trata-se da "cura da sombra" – a pessoa que gagueja deve repetir "como uma sombra" as palavras de outra que esteja lendo alto uma revista. O gago, sem ver a palavra impressa, concentra-se exclusivamente no som ouvido, que deve ser logo repetido, como um eco. Muitas pessoas que têm tal defeito de dicção conseguem falar fluentemente nessas circunstâncias – e o hábito da fala normal tende a se firmar. Casos severos de gagueira têm melhorado consideravelmente, nessa clínica de Londres, após um tratamento entre duas e quatro semanas.

Um repouso que embeleza

Deite-se sobre um tapete. Erga os pés, apoiando-os numa almofada alta. O quarto ou sala deve estar no escuro. E há um modo de você se rodear de silêncio? Consiga o mais absoluto silêncio, nem que tenha de usar algodão nos ouvidos.

Faça um cozimento de tília (um bom punhado para ½ litro de água). Com esse chá bem quente, faça uma grossa compressa no rosto – e, sobre a compressa, ponha uma toalha bem felpuda (assim a umidade e o calor se conservarão na pele).

Todos esses cuidados, aliás, facilitarão a você "não pensar em nada". "Não pensar em nada" é um creme muito bom…

Quanto tempo desse tratamento? Dez minutos – e você estará renovada.

Queixo duplo

Um queixo é bom, dois é demais. O que é que você deve fazer para evitar ou corrigir a nossa conhecida "papada"?

Bem: abra a boca. Não pouquinho, mas como se fosse dar uma dentada numa fruta, numa maçã. Dê a dentada imaginária, mas pouco a pouco, bem lentamente, fechando finalmente os lábios.

Outro modo de combater a papada: feche a boca, normalmente, e mastigue um alimento imaginário.

Criação para noite

Utilidades do sal

Nem só na cozinha o sal tem entrada de rei. Você sabia que dar um pouco de água salgada a uma pessoa que desmaiou tem o poder de reanimá-la?

Bem, e agora suponhamos que você esteja sofrendo de nevralgia, o que não lhe desejo. Precisa ir ao médico, é claro, ele é quem resolve. Mas, enquanto isso, aplique no local dolorido um chumaço de algodão embebido em água bem salgada.

Banhar os olhos com água salgada é como lhes dar soro. A vista descansa, fica mais forte, o olhar adquire brilho.

E nem pense que fica nisso apenas: água salgada é bom para deter queda dos cabelos...

Rugas nas pálpebras

Um dos meios de evitar e atenuar as rugas nas pálpebras está no seguinte exercício a ser executado diariamente:

— Apoie as palmas das mãos contra os olhos fechados. Imagine um monte de carvão. Então, imagine que um gato preto está subindo pelo monte de carvão.

Você está rindo? Acontece que o movimento "interno" dos olhos, no escuro, é a melhor ginástica para seus músculos. Com o carvão escuro, você terá a imagem escura de que precisa. E o gato preto "subindo" lhe dará o movimento de que você precisa.

Outra ginástica
Olhe para um lado. Mas sem mover a cabeça.

Defeitos nas unhas

As mãos têm beleza própria. É de surpreender a frequência com que os homens falam a respeito das mãos femininas. Eles notam sempre quando não há cuidado no tratamento dado às mãos, mesmo quando o rosto se apresenta impecável.

As unhas bonitas são o ponto de exclamação para mãos atraentes. Se as suas unhas não são tão bonitas quanto deveriam ser, aqui estão dez maneiras para corrigir as faltas que possam ter.

Dê às unhas largas uma aparência mais estreita, deixando uma linha de cada lado da unha sem pintura, ao manicurá-las.

Fortaleça unhas quebradiças, suplementando com cápsulas de gelatina – as proteínas em sua defesa.

Proteja e endureça as unhas muito moles, que sofrem com a ação do esmalte frequente.

Amacie as cutículas que se partem facilmente, mergulhando os dedos, à noite, em óleo morno.

Retire a pele dura dos cantos das unhas, com uma lixa, não usando tesoura.

Evite calosidades nos cantos das unhas, lixando-as e dando-lhes formato oval, sem cortar muito fundo.

Faça com que as unhas curtas pareçam mais longas, aplicando o esmalte em toda a unha, em vez de deixar meia-lua e as pontas sem verniz.

Conserte uma unha quebrada da seguinte maneira: Aplique o verniz, coloque um pedacinho de pano de gaze sobre o esmalte molhado e deixe secar. Aplique outra camada de verniz-esmalte.

Para unhas quebradas no sabugo, use unha artificial, que será removida logo que a sua tiver crescido no tamanho desejado.

Desista das cores vistosas, se não tem facilidade de fazer as unhas com frequência; aplique verniz incolor ou dê brilho com polidor de camurça.

A experiência de Hitchcock

Alfred Hitchcock, o mestre absoluto de suspense cinematográfico, conta que deve isso a um episódio de sua infância...

Um dia, seu pai, sabendo que ele "fizera gazeta", organizou com o auxílio de um amigo, uma caçada ao menino que terminou com o jovem Alfred sendo preso e passando uma noite na cadeia. Isso deu origem ao "pavor do fugitivo" e ao "terror do acuado", que ele sabe tão bem comunicar a seus personagens por já haver passado pela mesma experiência.

Importância de uma refeição

Nunca é demais repetir que a primeira refeição é a mais importante para o organismo. Isto porque ele, depois do repouso, é capaz de assimilar mais e melhor os alimentos ingeridos. Em segundo lugar, porque ficou muitas horas sem alimento e terá desgastado as suas reservas. O almoço deverá ser uma refeição leve, pelo inconveniente da hora, deixando ao desjejum oportunidade para um lauto repasto.

Na Inglaterra, o *breakfast* é rico de coisas saborosas e nutritivas. É tradicional o prato de flocos de aveia cozidos no leite, a geleia de laranjas, o creme de fruta cozida, peixes defumados, ovos com bacon ou presunto, tudo regado por numerosas xícaras de chá. Na Holanda, servem-se muitas variedades de pão, presunto, queijo, manteiga, mel, leite ou café com leite. Nos Estados Unidos, sucos de frutas, ovos com bacon, cereais, muffins, e leite.

Devemos, mirando-nos nesses exemplos, procurar modificar nosso desjejum, acrescentando-lhe pelo menos, os sucos de frutas, tão saudáveis ao organismo, especialmente pela manhã. O ovo quente, a torrada com manteiga, e um copo de leite podem completar a refeição, para quem não se acostuma de maneira nenhuma a comer pratos gordurosos pela manhã. Um café reforçado, rico e variado, pode ser composto assim: algumas fatias de pão tostado, mel e geleia, um ovo cozido, suco de fruta, ou um copo de leite, e flocos de milho.

Uma novidade antiga

Eis um grande tratamento para peles secas ou desvitalizadas, esquecido por muito tempo e agora redescoberto. Trata-se da cataplasma oleosa. O método é o seguinte: enquanto um pouco de creme (à base de lanolina) é aquecido em banho-maria, põe-se em água bem quente, umas quatro bandas de gaze. Quando o creme estiver amornado e as compressas muito quentes, faz-se com esses ingredientes uma espécie de sanduíche que se aplica sobre o rosto, cobrindo-o com uma toalha felpuda também embebida em água quente. É uma operação que precisa da ajuda de terceiros, porque as toalhas, à medida que esfriam, devem ser substituídas seguidamente, pelo espaço de meia hora.

Olhos pequenos?

Bem, você não pode operá-los... Nem adianta arregalá-los. O jeito? O jeito é um truque de maquiagem.

1 – FAÇA uma ponta bem fininha num lápis marrom ou cinza – lápis preto, jamais. Comece sua obra de arte pelo canto interno dos olhos.

2 – DESENHE um traço fino que vá cobrindo, na pálpebra, a raiz dos cílios superiores.

3 – NOS cílios, passe rímel marrom, cinza ou azul (preto endurece o olhar e limita o contorno dos olhos).

4 – A ESCOVA deve estar, apenas, úmida de rímel.

5 – PARA recurvar bem os cílios, o truque é começar sempre pelas suas pontas.

6 – DE noite, faça no canto externo, um pequeno triângulo azul ou verde ou castanho ou cinza ou malva.

Embelezar cabelos brancos

Cabelos brancos podem se tornar sua coqueteria, seu motivo de atração. Mas precisam ser cuidados, enfeitados.

OURO NO BRANCO – Para alourar os cabelos brancos, molhe-os com uma mistura de duzentos e cinquenta gramas de tintura de ruibarbo e duzentos e cinquenta gramas de água.

BRANQUEAR CABELOS BRANCOS – O feio dos cabelos brancos está no tom amarelado ou acinzentado. O que pode fazer para branqueá-los? Depois de lavá-los com xampu, lave-os com 1 litro de água ao qual você terá acrescentado 2 colheres (das de sopa) de água oxigenada.

PRATA NO BRANCO – Uma coisa linda em cabelos brancos é o reflexo prateado. E é tão fácil conseguir! Basta usar anil na água de lavá-los. Quanto anil? A mesma proporção que daria certo na sua roupa branca.

O anel conjugal

A aliança, símbolo que hoje a maior parte das mulheres usa com tanto orgulho, tem sua origem bem humilhante para nós, mulheres. Na Antiguidade, os maridos escravizavam as suas mulheres prendendo-as com algemas ou grilhões. Daí se originou esse delicado e romântico anel de ouro, que hoje nos dá tanto prazer usar.

Nós, à mesa

Etiqueta à mesa? Questão, na maioria das vezes, de bom senso. Eis alguns exemplos: Não coma com excesso de gula... Não beba com a boca cheia... Procure manter os dedos limpos... Não leve uma garfada à boca enquanto não tiver deglutido o bocado que já estava na própria... Que o bocado não seja maior do que sua boca pode conter... Não fale com a boca cheia... Não demonstre mau humor, suceda o que suceder... O bom humor transforma um simples prato num manjar... Não se apoie na mesa com os braços, pouse nela apenas as mãos e antebraços, até perto do cotovelo... Não aproxime o rosto do garfo, e sim o garfo da boca... Tudo isso, como você, já se sabe pelo menos um pouco.

Mas o que muita gente esquece é que: se não se sentir "natural", o melhor é fingir naturalidade – pois nada há de mais incômodo que uma pessoa pouco à vontade como comensal... Uma ideia puxa outra, mas que a ideia de estar comendo não puxe apenas assunto de comida. Tenho uma conhecida que, à mesa, só consegue associar o prato de que está se servindo com outros que, no passado, lhe foram servidos. Não o faz por mal, mas acontece que todo o mundo se sente um pouco logrado pois a esta senhora só ocorrem lembranças de pratos fabulosos... Resultado: o assunto pega. E eu mesma acabei um dia por me ouvir dizer com saudade: "Assado bom é o que eu comia na casa da vovó..." E a pobre dona da casa que o dia inteiro se esforçou para preparar um jantar bom, sente-se pobre, frustrada e tola. A menos que se encha de uma justa indignação.

Às vezes a solução é dar um jeito

Pois fubá de milho dá jeito em mancha de mofo. Quando esta é daquelas que não saem mesmo com nenhuma escovadela ou limpeza, tente ensaboar o tecido manchado e fervê-lo em seguida num pouco d'água com duas colheres de fubá de milho. Deixe depois corar um pouco.

E se você tem rendas finas – o que é uma fonte de preocupação pois são difíceis de se conservar – lave-as em leite morno não fervido, enxaguando-as depois em água, onde tenha posto uma pitadinha de açúcar. Passe a ferro quando ainda estiverem úmidas, com o ferro não muito quente. Quem pensava que leite desse jeito em rendas?

Se suas pernas estão ásperas, manchadas, não as jogue fora, já que não pode comprar outras: experimente fazer uma fricção com uma mistura de álcool e óleo de rícino. As mesmas pernas, com esse jeitinho, ficarão com a pele macia e clara.

O que as unhas dizem...
(E o que eu digo)

Podem-se diagnosticar doenças pelas unhas?

É o que dizem muitos médicos. Unhas pálidas? Linfatismo. Vermelhas demais? Má circulação. Azuladas? Desnutrição. Amareladas? Mau estado do fígado e, às vezes, icterícia iminente. De coloração irregular? Circulação irregular. Unhas roídas? Problemas não resolvidos...

Mas nem só a saúde revelam. Esmalte descascando? Relaxamento. Compridas demais? Vontade de ter garras. Cortadas retas, como de homem? Sinal de bobagem.

E por falar em unhas: um dos bons modos de fazer com que as adolescentes parem de roer unhas, é mandá-las uma vez por semana à manicure. Quando as unhas estão com verniz a mocinha pensa duas vezes antes de estragá-las com os dentes. Tornar uma pessoa digna de ter vaidade significa dar-lhe importância. E quem se sente importante procura elevar-se à altura de sua própria importância.

Estou vendo que comecei falando em unhas e terminei em conversa diferente. Um dia voltarei a falar na importância de se ser importante.

Poros dilatados

Para os poros dilatados, passe no rosto, duas vezes, por dia, um pouco de leite cru, deixando ficar cerca de 15 minutos. Lave o rosto com água de rosas. As principais causas dos poros dilatados são fadiga e excesso alimentar.

Os chicletes

Para remover chicletes de tapetes e assoalhos encerados, usa-se gasolina ou removedor. Para tirá-los de roupas de lã ou de algum móvel nada melhor do que um pano ensopado em querosene.

O vinagre e a pele

O vinagre é um antigo auxiliar da beleza feminina, se bem que perigoso para a pele. No entanto, limpa algumas manchas mais resistentes. Deve-se ter o cuidado de passá-lo sobre a pele, acompanhado de um creme protetor, para evitar efeitos cáusticos.

Alimentos que são remédios...

O mel, além de fortificante, ajuda a limpeza do sangue e não engorda... O nabo é indicado para os nervosos, não sendo aconselhável, porém, abusar do seu uso. A cenoura é remédio para os asmáticos, o limão para as gripes, doenças do pulmão, febre, reumatismo e tosses. A alface é ótima para combater a insônia. O aipo é a medicação fornecida pela natureza para o reumatismo e a dispepsia nervosa, além de revigorante.

Economizando ovos

Às vezes a gente se prepara toda para fazer um bolo, e à última hora descobre que não tem em casa a quantidade certa e recomendada de ovos. E no entanto ali está a receita, implacável... Mas há remédio: para cada ovo omitido, adicione à massa ½ colher (das de chá) de fermento em pó, e 2 colheres (das de sopa) de leite.

Bolo prende-marido

Não. Não é nenhum bolo especial, pode ser esse mesmo que você faz de vez em quando. O segredo está aí, não fazê-lo "de vez em quando", mas sempre, regularmente, variando apenas a forma e a apresentação. Os homens gostam de comer bem, e cabe a nós, mulheres, providenciar para que à mesa haja sempre alguma surpresa gostosa. Como sobremesa, como acompanhamento para o lanche, para o chá, ou para o café da manhã, ou mesmo como guloseima de toda hora, o bolo, sem grandes requintes, fácil de fazer, pode ser a salvação da dona de casa, que quer ver seu marido e seus filhos satisfeitos. Esse assunto foi-me sugerido pela leitura de uma notícia de que uma linda jovem senhora de Los Angeles foi desclassificada do pleito para a eleição de Mrs. América porque não sabe fazer bolos. Portadora de outros admiráveis dotes, inclusive de grande beleza, não possuía esse, e foi sumariamente desclassificada. Muito certo o julgamento da comissão. Uma dona de casa que não sabe fazer um bolo! Realmente, é inadmissível. Como os juízes desse concurso geralmente são homens, vocês podem tirar as suas conclusões. Como veem, um dos segredos de prender marido está bem à mão. É tratar de aproveitá-lo.

Recipientes

Cremes, bolos e claras batidos em vasilhas de alumínio ficam escuros. Use somente para este fim recipientes de louça, vidro ou ágata.

Manchas

Para tirar manchas a seco, de roupas, passe sobre a parte afetada um pouco de benzina e polvilhe-a em seguida com talco de banho. Coloque um papel de pão e passe ferro quente em cima. Depois, basta passar uma escova, tirando o excesso de talco e pendurar a peça ao ar livre, durante duas horas. A benzina não deve ficar perto do fogo, pois é altamente inflamável.

Sapatos molhados

Quando seus sapatos se molharem na chuva, não os ponha para secar ao sol ou em lugar quente, pois isso resseca o couro e deforma os sapatos. Recheie-os com papel de jornal, passe em toda a superfície do couro uma boa camada de graxa e deixe-os de lado até ficarem totalmente secos.

Olhos cansados

Se seus olhos estão cansados, vermelhos ou inchados, molhe-os com um pouco de água e sal ou água com ácido bórico. Coloque mechas de algodão embebidas em água gelada com creme nas pálpebras. Isto serve para qualquer tipo de cansaço visual. Sempre que tiver dez minutos livres, use esse processo, que seus olhos muito lucrarão.

Rosas contra pulgas

Boa maneira de afugentar pulgas dentro de casa, é espalhar nos cantos e sob os móveis algumas pétalas de rosa. O perfume põe as pulgas para correr.

Picadas de insetos

Use compressa embebida em amônia. Quando se trata de inseto que deixa o ferrão no lugar em que pica, como a abelha e o maribondo, é bom retirar o ferrão, antes de fazer o tratamento com a amônia.

Sangue... para fortificar o sangue

O método do doutor Mourney-Nettmann de injetar o sangue do próprio paciente, como tratamento para o organismo debilitado, continua produzindo notáveis resultados em muitas moléstias infecciosas. Em muitos casos de gripe, mesmo, tem sido empregado esse método com sucesso. Reumatismo articular, angina crônica, febre tifoide, escarlatina e pneumonia, em seus períodos iniciais, podem ser combatidos assim.

Fora com as traças!

Bom processo para afugentar as traças nos meses frios é colocar algodõezinhos molhados em benzina nos cantos de seu armário. A roupa de lã limpa com benzina tem o dom de assustar os terríveis insetos.

Seu andar...

Ao andar, mantenha a cabeça erguida, os ombros nivelados, para trás, ventre encolhido. Evite dar passos muito largos ou muito curtos. Os pés para frente. Evite andar com as pernas duras ou afastadas. Ao pisar, pouse primeiro o calcanhar sobre o solo. Um porte elegante é importantíssimo para uma mulher que deseja ser bonita.

A origem do "banho-maria"

A expressão muito conhecida das donas de casa, "banho-maria", tem sua origem na Idade Média. Os alquimistas, muito supersticiosos, tinham como protetora de seus trabalhos e profetisa, a irmã de Moisés e Aarão, Maria. Por esse motivo, ligaram o nome de Maria às suas experiências, principalmente aquelas em que usavam água. Daí veio a expressão de que aquilo que é posto a ferver sobre ou dentro da água tem o nome de "banho-maria".

Mãos mais claras...

Para limpar melhor as mãos, é bom juntar um pouco de açúcar ao sabonete comum. Além de aumentar a espuma, o açúcar faz desaparecer as manchas e amacia as palmas das mãos.

Para os seus nervos

Se você é nervosa, um dos muitos sedativos caseiros é o queijo, sabe? Não convém abusar, porém, porque ele pode prejudicar a sua digestão atacando também o fígado.

Se você tomou muito banho de sol...

Está com a pele queimada demais, muito escura, pode esfregar uma rodela de pepino e enxugá-la com uma toalha macia. O tratamento com pepino clareia a pele e ainda ajuda a amaciá-la.

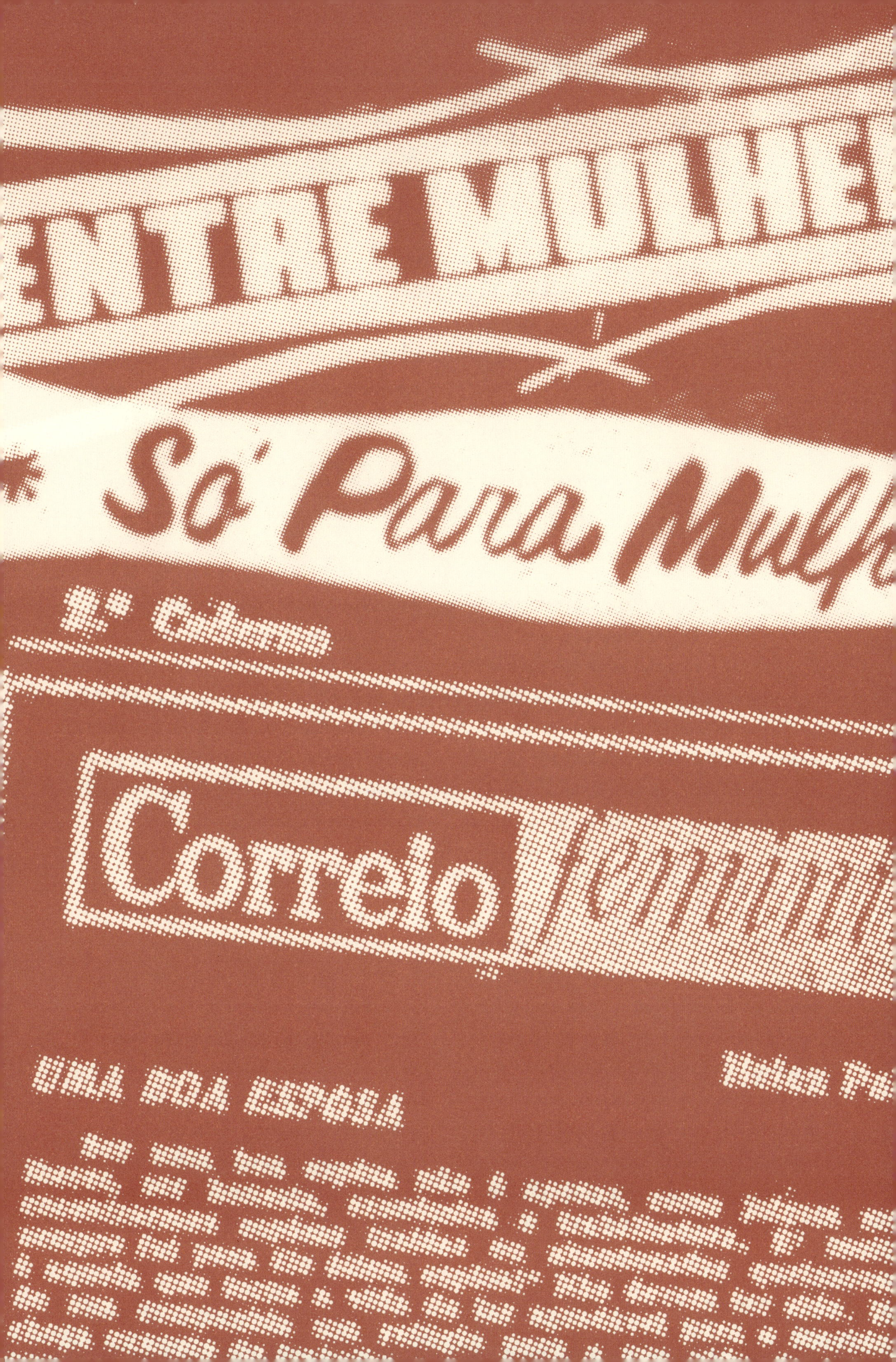
ENTRE MULHE
Só Para
Correio
UMA BOA ESPOSA

Sempre mulher através dos tempos

> *Lembre-se de que sua arte de dissimular teria que ser exímia – para enfrentar os olhos alheios. Pois estes, quando não são bons, recorrem a óculos... E você, se estiver "mascarada", fica mesmo exposta. A menos que, diante da curiosidade alheia, você se retire e lave o rosto...*
> CLARICE LISPECTOR/ILKA SOARES

> *Os trajes femininos são apenas meio-termo entre o confessado desejo das mulheres de vestir-se e o inconfessado desejo de despir-se.*
> LIN YUTANG

Quando Clarice Lispector publica sua primeira página feminina, lá está o que considera ser o protótipo de mulher bonita e sedutora. A colunista Tereza Quadros escolhe um texto de Bernard Shaw para inaugurar "Entre mulheres", no tabloide *Comício*. E assim, na página 21 do dia 15 de maio de 1952, encontram-se os predicativos de elegância e o substrato de feminilidade que norteariam o trabalho de escrever as quase 450 colunas dessa Clarice jornalista.

É interessante observar que a própria redatora não poderia jamais supor que o recorte que fez desse registro de Shaw e a imagem da atriz parisiense de teatro Sarah Bernhardt marcariam de forma emblemática o seu ofício de falar sobre e para mulheres. Apropriando-se do discurso do crítico, o texto evidencia um modelo de traços e de conduta que poderiam orientar a leitora na busca de um rosto que expressasse a condição de ser feminina. Shaw apresenta Bernhardt enaltecendo a vivacidade graciosa que exala da sua beleza. Fala do brilho da pele e de como o tom rosado das orelhas pequenas seduzem por entre os cachos dos cabelos castanhos. Os cílios são lânguidos, as faces aveludadas como um pêssego e tudo nela adquire um ar de inverossimilhança do ponto de vista humano tal o fascínio que a atriz lhe despertara. Bernhardt, na descrição de Shaw, faz jus ao retrato de mulher que Clarice Lispector, enquanto colunista de página feminina, procurava ensinar às suas leitoras.

Tornam-se, portanto, sintomáticas as falas de Tereza Quadros, Helen Palmer e Ilka Soares, nomes esses de que se valeu Clarice para escrever conselhos, receitas e segredos às mulheres que desejavam adquirir um rosto. Sim, um rosto de mulher. A própria colunista, certa vez, advertiu que existem mulheres que não têm rosto quando a fisionomia está "submersa": os contornos são indecisos e as cores da face, desbotadas. Ou seja, o semblante parece lembrar "um quadro apenas esboçado e nunca terminado". Também não foram poucas as oportunidades em que essa Clarice jornalista feminina alertava para o perigo da cópia carbono de outras mulheres da mídia nos anos dourados. Tentar usar o cabelo com jeito "artisticamente desarrumado" de Brigitte Bardot ou possuir o misterioso "it" de Clara Bow poderia ser desastroso. No *Diário da Noite*, ao aceitar o convite do jornalista Alberto Dines para ser a ghost writer da atriz e modelo Ilka Soares, a colunista de "Só para Mulheres", título dessa página feminina escrita diariamente entre 1960 e 1961, comentava que o tal do it, fenômeno de sedução de difícil explicação, que eternizou Bow, famosa atriz do cinema mudo norte-americano, como a it-girl nos anos 1920, é o magnetismo que todas as mulheres gostariam de ter e que – frisava – é até mais importante que a beleza nos processos de atração.

Como a Helen Palmer do *Correio da Manhã*, assinando a coluna "Feira de Utilidades", de agosto de 1959 a fevereiro de 1961, conforme contrato que assinou junto ao Departamento de Relações Públicas da Pond's, para divulgar a linha de cosméticos e cremes da marca no mercado brasileiro, Clarice Lispector condenará com veemência o que denominou de "beleza de catálogo". Helen Palmer assevera que moças bonitas, "que poderiam ser lindas no seu tipo próprio, mascaram-se de caricaturas de francesas, italianas e até suecas famosas. Belezas em série, belezas de catálogo, numeradas, como se adquiridas por encomenda postal". Ficam despersonalizadas por seguirem a tendência da moda e por aceitarem passivamente o ideal de beleza feminina estandartizado pelos meios de comunicação e protagonizado por Marilyn Monroe, Gina Lolobrigida, Sofia Loren, Debra Paget, Marisa Alfasio e Pier Angeli, entre outras estrelas do cinema da época.

O exagero e a mediocridade são perniciosos, segundo os conselhos que Clarice distribui, amparada pelo sigilo dos pseudônimos que utilizou para exercer tal função na imprensa. Uma Clarice que surpreende ao tratar com habilidade os assuntos prosaicos do cotidiano da mulher urbana de classe média que começa a se dividir entre trabalhos de naturezas diferentes, fora do lar, mas que deve continuar a cuidar de si, mantendo o charme e a elegância. Essa Clarice – que fala com cuidado e que se aproxima da leitora à procura de respostas para seus conflitos em jornais – esteve há muito anônima do público que conhece somente a ficção de uma de nossas maiores escritoras. Mas, aos poucos, vai sendo revelada em publicações como *Correio feminino* (2006) e, agora, com *Só para mulheres*. Naquele, uma seleção de textos organizados conforme a temática que se observa na trajetória da colunista e que segue o cânone da imprensa feminina ao decifrar o retrato, o cotidiano, o destino, a arte da sedução e o olhar atento da mulher contemporânea. Neste, uma antologia também inédita para compor os conselhos, as receitas e os segredos que perpassam a produção dessa Clarice Lispector modulada na voz de Tereza, Helen e Ilka.

São mais de 290 textos recuperados que sobreviveram ao desgaste do tempo da página de jornal. Alguns instigantes, de caráter exemplar e com o sabor da novidade. Outros ingênuos, mesclados pela experiência daquela que tudo sabe, em tom intimista. Mas sempre com a prosa cadenciada, envolvente, pacienciosa. Uma conversa marcada pelo signo de ser "entre mulheres" e "só para mulheres".

Temos neste volume conselhos de economia doméstica, comportamento e cotidiano; receitas simples e exóticas de culinária e medicina caseira; segredos para a vaidade feminina, sedução e vida amorosa. Informações e curiosidades envolvendo celebridades da época. Um guia, enfim, de beleza e saúde, a exemplo dos antigos almanaques de farmácia, precursores da imprensa feminina. Conteúdos que não envelhecem facilmente e que conservam a capacidade de poderem ser guardados e consultados periodicamente. Um conhecimento utilitário e marcado pela praticidade.

Quando se fala em imprensa feminina, algumas características peculiares precisam ser consideradas. Sendo um tipo de jornalismo voltado para o mundo da mulher, como nos ensina Dulcília Buitoni, o trabalho desenvolvido pela colunista Clarice buscou ultrapassar os horizontes do ambiente doméstico, sustentados por três grandes eixos: moda, casa e coração. A isenção do discurso, típica dos textos de informação, não encontra vez na linguagem destas páginas. Pelo contrário. A aproximação com a interlocutora é condição sine qua non, adotando processos de identificação e vínculo emocional. Daí, a razão da fala da colunista ser pontuada pela familiaridade e pelo didatismo, já que é também legitimada por uma empresa da comunicação de massa. É a voz daquela que naturalmente adquire a confiança da leitora, sendo conselheira para todos os tipos de problemas e dores que estiverem sob o domínio do vestir, do morar, do sentir e do existir. E, assim, outro aspecto do almanaque é resgatado pela imprensa feminina: o de iniciar a receptora em algum conhecimento.

Clarice Lispector, como conselheira, adotou explicitamente a prática da iniciação de sua leitora na esfera inebriante do cotidiano. Tereza, Helen e Ilka sempre disponibilizavam espaço para discutir as inquietações da interlocutora, simulando um bate-papo. Tereza tinha, por exemplo, a seção "Aprendendo a Viver" e Ilka, "Nossa Conversa". Helen não intitulou o bloco destinado a essa aproximação, porém o espaço lá estava e a narrativa – franca, envolvente e precisa no diagnóstico e na solução das angústias da mulher moderna – sempre abria a coluna. Mediante uma leitura leve, as colunistas apoiavam o discurso em temas notadamente sobre Felicidade, Saúde e Beleza, que são valores universais utilizados pela imprensa feminina para compor a persuasão, ainda como herança dos velhos almanaques, veículos nos quais se desenham as carências, as necessidades e os desejos do público-alvo. No caso, a mulher de classe média em seus papéis de mãe, esposa e dona de casa.

Aparência, viver melhor as 24 horas do dia, os primeiros medos e a timidez da criança, educação de filhas modernas e rebeldes, felicidade conjugal, festa de casamento, viver mais e ser mais jovem são alguns temas que foram apreciados pela Clarice colunista. E a atenção ao pormenor acabou sendo um conselho recorrente. Os detalhes, explica, marcam uma "data". Saber dar um laço na echarpe, arranjar um broche no lugar certo, usar um colar que no ano passado não existia são atitudes que sublinham a personalidade de uma mulher na moda, "marcando-a com a data de hoje", adverte. Mas, além disso, a esbeltez, a beleza e a saúde deveriam ser a meta de qualquer mulher na vida. E, para não deixar dúvidas, não cansava de estampar nessas páginas que esbelta é aquela que sabe equilibrar o peso de acordo com a idade e a altura. Bela, a que cultiva pele macia, cabelos sedosos, olhos brilhantes e dentes claros. Saudável é ao mesmo tempo resultado e causa das outras duas qualidades ressaltadas para a alegria de viver. Corpo e feminilidade interligados, pois.

Em contrapartida, fadiga, desânimo, mal-estar, melancolia serão sintomas comentados pelas colunistas, que não se cansarão de aviar receitas. Clarice divulgará, então, as famosas poções embelezadoras do nutricionista dr. Gaylord Hauser e outras para tirar as sardas, evitar a pressão alta, lavar a seco o cabelo, hidratar a pele, comer espinafre, preparar café turco, fazer omelete como em Paris, fabricar geleias, provar uma salada de verão inventada por Alexandre Dumas Filho e até uma receita de... assassinato.

Mesmo estando habilitada a se dirigir à mulher dos anos dourados, Clarice Lispector tinha a preocupação de atualizar sua leitora com as recomendações de especialistas em saúde e educação do mercado editorial norte-americano. Afinal, de setembro de 1952 a meados de 1959, o casal Valente residiu em Washington. E ela reuniu material e conhecimento com a vivência de mulher de diplomata que precisava se apresentar bem, receber e observar etiquetas do mundo internacional para transmitir as últimas novidades no campo da psicologia e da medicina. A biblioteca particular da escritora, todavia, ao lado de romances e livros de autoajuda, abrigou também outras obras. Como *Housekeeping Made Simple* e *Personal Beauty and Charm*, da coleção The Homemaker's Enclyclopedia. E ainda: *A arte de beber e recepcionar*, da condessa de Serradayres; *Saúde e vida longa pela boa alimentação*, do dr. Lester M. Morrison e *A woman doctor looks at love and life*, de Marion Hilliard, entre outros. Inclusive, parece ter sido leitora do almanaque *Saúde da Mulher*, que é citado na carta que escreve de Berna para as irmãs Elisa e Tânia, em 14 de abril de 1946. Percebe-se que Clarice consultava ou pesquisava para produzir suas páginas femininas. É comum, entretanto, encontrar informações como o lançamento do livro *Amor é um modo especial de sentir*, de Joan Walsh Anglund, que mostra a maneira de ensinar as crianças a amar ou os conselhos da médica Anna K. Daniels e as receitas de especialistas.

O espaço da intimidade, como podemos deduzir, pressupõe também o espaço do segredo. A imprensa feminina circunscreve assim um lugar de iniciação para que o conhecimento seja transmitido. Essa informação é mantida intencionalmente escondida e existe uma espécie de contrato que se firma de modo subjacente entre a colunista e a leitora para não revelar aquilo que lhe vai ser confiado. Dessa forma, o segredo é obstáculo à comunicação, uma vez que impede o processo das trocas simbólicas e a democrática circulação de informações, como se pode aferir das duas páginas desse verbete no *Dictionnaire encyclopédique des sciences de l'information et de la communication*, sob a direção de Bernard Lamizet e Ahmed Silem (Paris, 1997, p. 504).

Por outro lado, as páginas e as colunas escritas por Tereza, Helen e Ilka, nesse contexto, constituem um repositório para a salvaguarda desse material, levando-se em conta que o segredo precisa de um espaço que o mantenha secreto. E não será por acaso que Freud considerava o ocultamento, o fingimento, a mentira e o segredo como atributos das mulheres. Não vamos nos ater a essa propositura. Mas ao fato de que o segredo é indizível, a menos que haja a confidência.

Recentemente, com *Minhas queridas*, a Clarice que morou no exterior acompanhando o marido diplomata do Itamaraty e que escreve às irmãs Elisa e Tânia é publicada. O tom pessoalíssimo da escritora, revestido de doçura na vasta correspondência, outro locus do segredo, apresenta proximidade com o discurso das colunistas que estariam por vir. Às vezes percebemos que o grau de familiaridade e o tom de confidência com que se dirige à leitora parecem ser o mesmo daquele adotado, por exemplo, neste trecho de carta endereçada à irmã mais velha, em 22 de maio de 1940:

> *Elisa, pense que essas férias são a "grande oportunidade". Viva como viveria uma princesa, isto é, sem cuidados, sem preocupações. Durma ou pelo menos se deite depois do almoço. Dê um pequeno passeio de manhã. E seja feliz e descansada. Lembre-se do "tranquilismo de Lin Yutang". "Não fazer nada" é uma das ocupações mais produtivas do homem.*

Esse recorte do discurso clariciano confirma a predisposição da colunista de estar perto de sua interlocutora e de construir um espaço único para conversar. De Berna, para pinçar outro trecho dessa Clarice conselheira, vale acompanhar a resposta que deu para Tânia, em 23 de junho de 1946. Ei-la:

> *"E por mais trabalho que você tenha, queridinha pequena, não descuide da vaidade, como você diz que não sucede... Faça o penteado mais lindo, meu amor, seja querida."*

Uma preocupação semelhante à da que transparece neste lembrete a sua leitora de jornal: "Cuidado com a moda. Ela é uma generalidade, e você é um indivíduo, isto é, alguém muito particular."

E, com o mesmo desembaraço, curiosamente, neste cenário de confidências do jornal, apresenta Mary Wollstonecraft para suas leitoras. Uma fala de Mary – considerada a pioneira do moderno feminismo com a publicação, em 1790, da obra *A Vindication of the Rights of Woman* (em português, Uma defesa dos direitos da mulher) – acaba, portanto, se misturando como quem nada quer a outras frivolidades da página feminina e subvertendo o cânone desse tipo de imprensa, dissimuladamente. Escreve a escritora britânica: "os homens se prevalecendo de sua força física exageram tanto sobre a inferioridade das mulheres, a ponto de classificá-las quase abaixo dos padrões de criaturas irracionais".

Há, ainda, em tais páginas "almanaquianas", uma Clarice que desvenda um segredo de Frank Sinatra na arte de conquistar uma mulher: compreender o que ela não diz. E que alerta: a mulher bem-vestida é a que "sabe" usar os acessórios. Saber usar os acessórios, ensina, "é saber combinar, saber renovar todo um conjunto com um detalhe bem imaginado

– é dar um 'jeitinho' de novidade a um traje que caiu na rotina".

Ler as páginas femininas de Clarice Lispector, portanto, nos leva a conhecer outros feitos da profissional de imprensa que foi. Auxilia até mesmo a resgatar a memória do jornalismo, fazendo emergir a força das ideias de um Rubem Braga e de um Alberto Dines, que impulsionaram a criação dos periódicos para os quais ela fora convidada a colaborar.

Comício, nome sugerido por Joel Silveira, é lançado como veículo de informação para fazer oposição ao governo de Getúlio Vargas, reunindo em sua redação quase todos os antigetulistas que militavam na imprensa da época. O nome de uma desconhecida Tereza Quadros é citado ao lado daqueles que seriam considerados os "alegres rapazes da imprensa", como a equipe de *Comício*: Antônio Maria, Carlos Alberto Tenório, Carlos Castelo Branco, Cláudio Abramo, Edmar Morel, Eneida, Fernando Sabino, Ferreira Gullar, Hélio Fernandes, José Carlos Oliveira, Lúcio Rangel, Millôr Fernandes, Newton Carlos, Otto Lara Resende, Paulo Mendes Campos, Pedro Gomes, Sábato Magaldi, Sérgio Porto e Thiago de Melo, além de Rafael Corrêa de Oliveira que junto com Rubem Braga e Joel Silveira foram os editores responsáveis pelo tabloide.

O semanário *Comício* funcionava no centro da cidade do Rio de Janeiro, Cinelândia, mais precisamente na rua Álvaro Alvim, e era impresso na gráfica do *Última Hora* de Samuel Wainer. O tabloide teve vida efêmera. Circulou de 15 de maio a 17 de outubro do ano de 1952. As dívidas de impressão acumulavam-se mês a mês, conforme explico no livro *Clarice Lispector jornalista* (2006), não restando alternativa a não ser fechar definitivamente aquele jornal de "espírito moleque", como escreve Rubem Braga a Clarice Lispector, em 23 de maio de 1953. *Comício* morreu assim que Tereza Quadros partiu. "Não o choremos, que morreu como nasceu, muito vivo, desleixado, alegre, às vezes malcriado, no fundo talvez sério, em todo caso sempre livre", desabafa o cronista.

Clarice embarca para os Estados Unidos em 3 de setembro de 1952, segundo Nádia Battlella Gotlib, em *Clarice: uma vida que se conta* (1995). Quando retorna ao Brasil, em 1959, acompanhada dos dois filhos, Pedro e Paulo, a escritora vai morar em apartamento da rua General Ribeiro da Costa, no Leme, Rio de Janeiro. Clarice, mesmo tendo acertado a publicação de contos na revista *Senhor* e recebendo direitos autorais de suas obras, complementa seu orçamento e aceita ser a Helen Palmer do *Correio da Manhã*, estreando sua coluna feminina já em agosto. Fundado por Edmundo Bittencourt, em 1901, o *Correio da Manhã* se destaca na história da imprensa brasileira por ter se posicionado sempre contra as oligarquias e por dar ênfase à informação em detrimento da opinião. Por fazer oposição aos governos corruptos e caindo no agrado popular, o jornal, que foi publicado até 1974, teve sua circulação interrompida em várias ocasiões. Paulo Bittencourt, filho do fundador, assume a direção do jornal, em 1928. Antônio Callado, Carlos Drummond de Andrade, Ledo Ivo, Otto Maria Carpeaux e Renard Perez foram alguns dos nomes que fizeram parte do corpo de redatores do periódico.

Já vimos que, enquanto atua como a Helen Palmer da coluna "Feira de Utilidades" do

Correio da Manhã, Clarice Lispector escreverá ainda a página assinada, no *Diário da Noite*, por Ilka Soares, vedete da TV Tupi, pertencente à cadeia dos Diários Associados, de Assis Chateaubriand. Sabendo que Clarice queria trabalhar, o amigo Otto Lara Resende telefona para Dines, que estava à procura de uma *ghost writer* para a página feminina que pretendia implantar em 1960. Dines aceita Clarice e se surpreende com a habilidade da ficcionista em se aproximar da leitora de tabloide popular. Por essa ocasião, o *Diário da Noite* tenta recuperar seu prestígio. A tiragem despencara de 200 mil para 8 mil exemplares. Alberto Dines implanta reforma radical no estilo e no conteúdo. Transforma o jornal em tabloide, inspirado nos ingleses *Daily Mirror* e *Daily Express*. Adota paginação de revista, textos curtos e linguagem coloquial. Clarice escreve e monta a página conforme o novo padrão. Se no tabloide *Comício*, a colunista consultava números de *Bunte*, *Paris Match* e *Jours de France*, para a página de Ilka Soares, além de aproveitar alguns textos de Tereza Quadros, com ajuste na redação, a escritora se vale agora de *Vogue* e *Elle*, internacionais. O vespertino cai no agrado do público e a tiragem aumenta. Na equipe de jornalistas, entre outros, estão: Fernando Gabeira, Francisco Calazans Fernandes, Hélio Pólvora, Léo Schlafman e Raul Giudicelli.

Só para mulheres, assim, cumpre um destino. Os textos que puderam ser lidos por um público que não conhecia a verdadeira identidade das colunistas Tereza, Helen e Ilka agora retornam neste trabalho de resgate, mostrando o rosto da mulher que se ocultava em pseudônimos. Mas que nunca deixou de ser plural no estilo. Se Sarah Bernhardt foi considerada um retrato de feminilidade, bela e inverossímil na visão de Bernard Shaw, podemos dizer que a mulher que se forma nas páginas femininas escritas por Clarice Lispector guarda um mistério que não está no âmbito da beleza ou do charme, palavras tão gastas no discurso da imprensa de amenidades. Clarice tentou transmitir mais a essa leitora que se desdobra em outras no tempo. Como um segredo cuja linguagem não pode ser materializada, senão deixa de ser segredo, uma outra Clarice, a cronista do *Jornal do Brasil*, nos falou sorrateiramente: "Bonita? Nem um pouco, mas mulher. Meu segredo ignorado por todos e até pelo espelho: mulher."

APARECIDA MARIA NUNES
Doutora em Literatura Brasileira
pela Universidade de São Paulo,
jornalista e professora universitária.

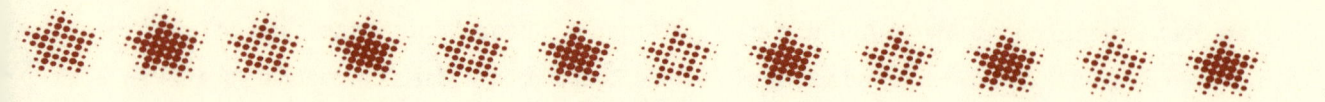

Índice

Conselhos — 5

Aparência: tudo tem jeito — *Diário da Noite* — Ilka Soares — 10 de fevereiro de 1961

Para não "bobear" — *Diário da noite* — Ilka Soares — 7 de fevereiro de 1961

Pode-se amar sem admirar? — *Diário da Noite* — Ilka Soares — 18 de janeiro de 1961

Fotografamos para você. A excêntrica — *Diário da Noite* — Ilka Soares — 21 de dezembro de 1960

Hora e tempo para tudo — *Correio da Manhã* — Helen Palmer — 16 de setembro de 1959

Quem muito agrada, desagrada[1] — *Diário da noite* — Ilka Soares — 18 de outubro de 1960

Os espelhos da alma… — *Correio da Manhã* — Helen Palmer — 2 de junho de 1960

O guarda-chuva-sombrinha — *Diário da Noite* — Ilka Soares — 28 de janeiro de 1961

Quem não tem rosto — *Diário da Noite* — Ilka Soares — 19 de dezembro de 1960

Acorde um rosto apagado — *Diário da Noite* — Ilka Soares

Quem é que você deve imitar? — *Diário da Noite* — Ilka Soares

Ocupar-se — *Diário da Noite* — Ilka Soares — 17 de janeiro de 1961

A casa própria aumenta a felicidade? — *Correio da Manhã* — Helen Palmer — 19 de outubro de 1960

A corrida para "pegar a hora" — *Diário da Noite* — Ilka Soares — 30 de setembro de 1960

Os primeiros medos — *Diário da Noite* — Ilka Soares — 10 de janeiro de 1961

O ouro volta a ser padrão — *Correio da Manhã* — Helen Palmer — 18 de novembro de 1960

Estar na moda requer dinheiro? — *Diário da Noite* — Ilka Soares — 22 de dezembro de 1960

Para a mulher que trabalha[2] — *Correio da Manhã* — Helen Palmer — 28 de agosto de 1959

O interior de sua bolsa — *Diário da Noite* — Ilka Soares — 30 de janeiro de 1961

As meias em apogeu — *Correio da Manhã* — Helen Palmer — 14 de setembro de 1960

Conselhos esquisitos — *Diário da Noite* — Ilka Soares — 31 de janeiro de 1961

Separação — *Correio da Manhã* — Helen Palmer — 12 de outubro de 1960

O "cantinho" alegre — *Diário da Noite* — Ilka Soares — 12 de janeiro de 1961

Férias… em casa — *Diário da Noite* — Ilka Soares — 5 de janeiro de 1961

Adão e a beleza — *Correio da Manhã* — Helen Palmer — 11 de maio de 1960

Um homem entre mulheres — *Correio da Manhã* — Helen Palmer — 11 de março de 1960

Explicando para as crianças "amor" — *Diário da Noite* — Ilka Soares — 26 de julho de 1960

As 24 horas de um dia — *Diário da Noite* — Ilka Soares — 28 de setembro de 1960

"Sou tímida" — *Diário da Noite* — Ilka Soares — 18 de outubro de 1960

Rosto novo em alguns instantes (Truque de lutador de boxe) — *Diário da Noite* — Ilka Soares — 29 de agosto de 1960

Comportamento — *Correio da Manhã* — Helen Palmer — 4 de março de 1960

Inteligência — *Correio da Manhã* — Helen Palmer — 6 de abril de 1960

O lar e o trabalho — *Correio da Manhã* — Helen Palmer — 14 de outubro de 1960

Bolo e gelo: Conselhos de minha vizinha — *Diário da Noite* — Ilka Soares — 18 de agosto de 1960

Que preferem os homens? — *Correio da Manhã* — Helen Palmer — 23 de novembro de 1960

Cuidado com o verão — *Correio da Manhã* — Helen Palmer — 10 de fevereiro de 1960

Por que não usar óculos? — *Correio da Manhã* — Helen Palmer — 12 de fevereiro de 1960

1 Texto publicado na seção Nossa Conversa.
2 Texto sem título na coluna original.

Festa em casa — *Diário da Noite* — Ilka Soares — 3 de agosto de 1960

Preparando-se para o inverno — *Correio da Manhã* — Helen Palmer — 18 de maio de 1960

Já se foi o tempo...[3] — *Diário da Noite* — Ilka Soares — 22 de julho de 1960

Faça você mesma — *Correio da Manhã* — Helen Palmer — 22 de junho de 1960

A grande compradora — *Correio da Manhã* — Helen Palmer — 3 de julho de 1960

A máscara da face — *Correio da Manhã* — Helen Palmer — 5 de agosto de 1960

O primeiro convite — *Correio da Manhã* — Helen Palmer — 17 de agosto de 1960

A necessidade de dieta — *Correio da Manhã* — Helen Palmer — 20 de janeiro de 1960

Eva e a leitura — *Correio da Manhã* — Helen Palmer — 16 de setembro de 1960

Espírito — *Correio da Manhã* — Helen Palmer — 1º de julho de 1960

Tempo para gastar (1.930 horas por ano) — *Diário da Noite* — Ilka Soares — 23 de fevereiro de 1961

Timidez — *Correio da Manhã* — Helen Palmer — 27 de julho de 1960

O homem e a vaidade — *Correio da Manhã* — Helen Palmer — 6 de julho de 1960

Fique jovem esta semana[4] — *Diário da Noite* — Ilka Soares — 4 de outubro de 1960

Probleminhas — *Comício* — Tereza Quadros — 11 de julho de 1952

A colaboração no lar — *Correio da Manhã* — Helen Palmer — 15 de janeiro de 1960

Caprichos de mulher[5] — *Diário da Noite* — Ilka Soares — 28 de maio de 1960

Adote o branco/Prepare-se para o verão — *Diário da Noite* — Ilka Soares — 20 de julho de 1960

Eduque seus filhos — *Correio da Manhã* — Helen Palmer — 17 de fevereiro de 1960

Vida realizada — *Correio da Manhã* — Helen Palmer — 13 de julho de 1960

Trabalho — *Correio da Manhã* — Helen Palmer — 2 de agosto de 1960

Memória — *Correio da Manhã* — Helen Palmer — 10 de agosto de 1960

Honestidade — *Correio da Manhã* — Helen Palmer — 20 de julho de 1960

Para seu marido ler — *Diário da Noite* — Ilka Soares — 22 de fevereiro de 1961

A vida sedentária — *Correio da Manhã* — Helen Palmer — 18 de março de 1960

Filhas modernas e rebeldes — *Correio da Manhã* — Helen Palmer — 16 de dezembro de 1959

Comida e saúde — *Diário da Noite* — Ilka Soares — 9 de agosto de 1960

O que você não deve usar — *Comício* — Tereza Quadros — 19 de setembro de 1952

O melhor dote: bom gênio[6] — *Diário da Noite* — Ilka Soares — 29 de julho de 1960

Para educar seu filho — *Correio da Manhã* — Helen Palmer — 6 de maio de 1960

Cursinho sobre cabelos[7] — *Diário da Noite* — Ilka Soares — 27 de junho de 1960

As mulheres e os homens — *Correio da Manhã* — Helen Palmer — 20 de maio de 1960

Enjoo no mar — *Diário da Noite* — Ilka Soares — 7 de outubro de 1960

Uma boa esposa — *Correio da Manhã* — Helen Palmer — 11 de setembro de 1959

O espelho como conselheiro[8] — *Diário da Noite* — Ilka Soares — 4 de julho de 1960

Sanduíche de algodão para quem engole alfinetes — *Diário da Noite* — Ilka Soares — 30 de agosto de 1960

Por favor, não use: — *Comício* — Tereza Quadros — 29 de agosto de 1952

"Gordinha"? "Gordota"? "Gorda"?[9] — *Diário da Noite* — Ilka Soares — 28 de julho de 1960

Para as que desejam um emprego — *Correio da Manhã* — Helen Palmer — 20 de abril de 1960

---

3 Texto publicado na seção Nossa Conversa.
4 Texto publicado na seção Nossa Conversa.
5 Texto sem título no original, publicado na seção Nossa Conversa.
6 Texto publicado na coluna Nossa Conversa.
7 Primeira aula do Cursinho sobre cabelos da seção Aulinhas de Sedução.
8 Texto sem título no original, publicado na seção Nossa Conversa.
9 Texto publicado na seção Aulinhas de Sedução.

Dinheiro difícil — *Correio da Manhã* — Helen Palmer — 9 de setembro de 1959
Atenção às latas — *Correio da Manhã* — Helen Palmer — 8 de novembro de 1960
Beleza em série — *Correio da Manhã* — Helen Palmer — 1º de abril de 1960
Fumo e café[10] — *Diário da Noite* — Ilka Soares — 11 de agosto de 1960
A criança persegue o perigo — *Correio da Manhã* — Helen Palmer — 15 de julho de 1960
Conselhos de minha vizinha — *Comício* — Tereza Quadros — 30 maio 1952
Para quem tem medo de falar em público[11] — *Diário da Noite* — Ilka Soares — 18 de maio de 1960
Mais conselhos de minha vizinha[12] — *Diário da Noite* — Ilka Soares — 25 de agosto de 1960
A sedução das joias[13] — *Diário da Noite* — Ilka Soares — 10 de novembro de 1960
A moda mal interpretada[14] — *Diário da Noite* — Ilka Soares — 10 de maio de 1960
O que você não deve usar — *Comício* — Tereza Quadros — 5 de setembro de 1952
Prepare uma reunião para sábado[15] — *Diário da Noite* — Ilka Soares — 26 de abril de 1960
Impossível? — *Diário da Noite* — Ilka Soares — 18 de julho de 1960
Problema: "Meu filho não quer comer!" — *Diário da Noite* — Ilka Soares — 25 de agosto de 1960
Precaução: antes de comprar móveis, examine-os — *Diário da Noite* — Ilka Soares — 31 de agosto de 1960
Romântico ou "laboratório"? — *Diário da Noite* — Ilka Soares — 12 de janeiro de 1961
Uma conversa franca para quem tem filhos gêmeos[16] — *Diário da Noite* — Ilka Soares — 6 de junho de 1960
Tapetes: Cores — *Diário da Noite* — Ilka Soares — 1 de novembro de 1960
Companhia — *Diário da Noite* — Ilka Soares — 3 de janeiro de 1961
Penteados modernos — *Correio da Manhã* — Helen Palmer — 6 de maio de 1960
A hora de dormir — *Correio da Manhã* — Helen Palmer — 29 de junho de 1960
Felicidade conjugal — *Correio da Manhã* — Helen Palmer — 22 de abril de 1960
Festa de casamento — *Correio da Manhã* — Helen Palmer — 11 de novembro de 1959
Depois da festa — *Correio da Manhã* — Helen Palmer — 23 de março de 1960
Dourar-se na praia[17] — *Diário da Noite* — Ilka Soares — 21 de outubro de 1960
Valorize seus olhos — *Correio da Manhã* — Helen Palmer — 4 de dezembro de 1959
Viver mais... E ser mais jovem — *Correio da Manhã* — Helen Palmer — 14 de setembro de 1959
Resposta às leitoras[18] — *Diário da Noite* — Ilka Soares — 18 de julho de 1960
Não exagere[19] — *Diário da Noite* — Ilka Soares — 20 de junho de 1960
A gordura em excesso... E as glândulas — *Correio da Manhã* — Helen Palmer — 4 de novembro de 1959
Cursinho de emergência[20] — *Diário da Noite* — Ilka Soares — 4 de julho de 1960
Conversinha com as "grisalhas"[21] — *Diário da Noite* — Ilka Soares — 27 de outubro de 1960
Juventude — *Correio da Manhã* — Helen Palmer — 19 de outubro de 1960
Esses vestidos colados ao corpo... — *Correio da Manhã* — Helen Palmer — 11 de setembro de 1959
Não se preocupe demais — *Correio da Manhã* — Helen Palmer — 16 de setembro de 1959
O "preto" sempre elegante — *Correio da Manhã* — Helen Palmer — 18 de dezembro de 1959

---

10 Texto publicado na seção Nossa Conversa.
11 Texto sem título no original, publicado na seção Nossa Conversa.
12 Título original: Conselhos de minha vizinha.
13 Texto publicado na seção Aulinhas de Sedução.
14 Texto sem título no original, inserido na seção Nossa Conversa.
15 Texto sem título no original, inserido na seção Nossa Conversa.
16 Texto sem título no original, publicado na seção Nossa Conversa.
17 Quinta aula do cursinho "Dourar-se na praia" publicado na seção Aulinhas de Sedução.
18 Texto sem título no original, publicado na seção Nossa Conversa.
19 Texto sem título no original, publicado na seção Nossa Conversa.
20 Primeira aula do "Cursinho de emergência" publicado na seção Aulinhas de Sedução.
21 Texto publicado na seção Nossa Conversa.

Receitas — 66

Poções embelezadoras — *Diário da Noite* — Ilka Soares — 28 de fevereiro de 1961

Pescoço – "haste" da cabeça — *Diário da Noite* — Ilka Soares — 24 de janeiro de 1961

As sardas — *Correio da Manhã* — Helen Palmer — 30 de novembro de 1960

Laboratório de feitiçaria — *Diário da Noite* — Ilka Soares — 16 de agosto de 1960

Aproveitando o que é velho — *Diário da Noite* — Ilka Soares — 5 de outubro de 1960

Evitando pressão alta — *Diário da Noite* — Ilka Soares — 24 de janeiro de 1961

Para conquistar seu homem[22] — *Diário da Noite* — Ilka Soares — 30 de junho de 1960

Lavar sem água — *Diário da Noite* — Ilka Soares — 13 de janeiro de 1961

Sono agitado & peso[23] — *Diário da Noite* — Ilka Soares — 27 de julho de 1960

Receita de juventude — *Diário da Noite* — Ilka Soares — 30 de agosto de 1960

O que você pode fazer por você — *Diário da Noite* — Ilka Soares — 5 de janeiro de 1961

ABC das mãos — *Diário da Noite* — Ilka Soares — 1º de fevereiro de 1961

Poção emagrecedora — *Comício* — Tereza Quadros — 6 de junho de 1952

Saiba cuidar de você[24] — *Diário da Noite* — Ilka Soares — 30 de abril de 1960

Mistérios da cozinha — *Diário da Noite* — Ilka Soares — 4 de janeiro de 1961

Banho seco... — *Comício* — Tereza Quadros — 4 de julho de 1952

Mistura "boa-noite" e mistura "bom-dia" — *Diário da Noite* — Ilka Soares — 26 de agosto de 1960

Leite... nos cabelos — *Diário da Noite* — Ilka Soares — 21 de fevereiro de 1961

Transpiração nos pés — *Diário da Noite* — Ilka Soares — 24 de fevereiro de 1961

Cenoura versus beleza — *Comício* — Tereza Quadros — 4 de julho de 1952

Como as espanholas preparam bacalhau — *Diário da Noite* — Ilka Soares — 13 de julho de 1960

Rugas? Não — *Diário da Noite* — Ilka Soares — 15 de julho de 1960

Para ter pele nova[25] — *Diário da Noite* — Ilka Soares — 10 de junho de 1960

Pepinos no rosto... — *Diário da Noite* — Ilka Soares — 5 de setembro de 1960

Baú de mascate[26] — *Comício* — Tereza Quadros — 29 de agosto de 1952

Sonhos também se comem[27] — *Diário da Noite* — Ilka Soares — 2 de maio de 1960

O melhor modo de comer o pior espinafre — *Diário da Noite* — Ilka Soares — 12 de julho de 1960

Exausta, exausta, exausta — *Diário da Noite* — Ilka Soares — 27 de julho de 1960

Seu trabalho cansa você? — Eis então uma boa receita — *Diário da Noite* — Ilka Soares — 26 de setembro de 1960

A alimentação da criança — *Correio da Manhã* — Helen Palmer — 17 de dezembro de 1960

Banho de... maionese! — *Correio da Manhã* — Helen Palmer — 18 de dezembro de 1959

Resposta a Marina — *Diário da Noite* — Ilka Soares — 10 de outubro de 1960

A voga da vodca — *Correio da Manhã* — Helen Palmer — 31 de agosto de 1960

Máscara de tomate — *Comício* — Tereza Quadros — 22 de maio de 1952

Como se prepara café turco — *Comício* — Tereza Quadros — 6 de junho de 1952

Omelete, como em Paris — *Diário da Noite* — Ilka Soares — 21 de abril de 1960

Soldar os fragmentos — *Diário da Noite* — Ilka Soares — 17 de junho de 1960

---

22 Texto sem título no original, publicado na seção Nossa Conversa.
23 Texto publicado na seção Nossa Conversa.
24 Texto sem título no original, publicado na seção Nossa Conversa.
25 Texto sem título no original, publicado na seção Nossa Conversa.
26 Na página do jornal, houve um problema de impressão no nome da seção "Baú de mascate", que foi publicada nessa edição como "Pau de mascate".
27 Texto sem título no original, publicado na seção Nossa Conversa.

Receita para o sweepstake[28] — *Diário da Noite* — Ilka Soares — 5 de agosto de 1960
Geleia de laranja: fabricação doméstica — *Diário da Noite* — Ilka Soares — 15 de agosto de 1960
Verão: saladas — A de Alexandre Dumas Filho — *Diário da Noite* — Ilka Soares — 26 de setembro de 1960
Manchas de suor — *Correio da Manhã* — Helen Palmer — 16 de dezembro de 1959
Imunização contra cupim — *Correio da Manhã* — Helen Palmer — 25 de novembro de 1959
Para conservar o dourado dos objetos — *Correio da Manhã* — Helen Palmer — 9 de outubro de 1959
Arranhões no vidro... — *Correio da Manhã* — Helen Palmer — 9 de outubro de 1959
Improviso — *Diário da Noite* — Ilka Soares — 11 de maio de 1960
Receita simples — *Correio da Manhã* — Helen Palmer — 21 de outubro de 1959
Ducha perfumada — *Correio da Manhã* — Helen Palmer — 30 de outubro de 1959
Olhos vermelhos — *Correio da Manhã* — Helen Palmer — 18 de setembro de 1959
Para as suas pernas — *Correio da Manhã* — Helen Palmer — 12 de fevereiro de 1960
Papel apanha-moscas — *Correio da Manhã* — Helen Palmer — 17 de fevereiro de 1960
Repolho bossa-nova — *Diário da Noite* — Ilka Soares — 17 de agosto de 1960
Luvas para banho — *Correio da Manhã* — Helen Palmer — 17 de fevereiro de 1960
Estranha refeição — *Correio da Manhã* — Helen Palmer — 6 de maio de 1960
Purificando o ambiente — *Correio da Manhã* — Helen Palmer — 25 de maio de 1960
Um coquetel notável — *Correio da Manhã* — Helen Palmer — 2 de junho de 1960
Plantas viçosas — *Correio da Manhã* — Helen Palmer — 1º de julho de 1960
Surpresa de damasco — *Diário da Noite* — Ilka Soares — 21 de maio de 1960
Drinque sem álcool — *Correio da Manhã* — Helen Palmer — 24 de agosto de 1960
Receita de gelo artificial — *Correio da Manhã* — Helen Palmer — 14 de setembro de 1960
Beba mais café — *Correio da Manhã* — Helen Palmer — 28 de setembro de 1960
Bolo sem ovo — *Correio da Manhã* — Helen Palmer — 5 de outubro de 1960
Cordial de abacaxi e uvas — *Correio da Manhã* — Helen Palmer — 30 de novembro de 1960
Um prato de flores — *Diário da Noite* — Ilka Soares — 23 de abril de 1960
Uma (ótima) receita romena — *Diário da Noite* — Ilka Soares — 4 de maio de 1960
Dia de bolo — *Diário da Noite* — Ilka Soares — 28 de abril de 1960
Uma fisionomia descansada — *Correio da Manhã* — Helen Palmer — 11 de setembro de 1959
Almoço de forno e fogão — *Diário da Noite* — Ilka Soares — 24 de maio de 1960
Receita de MM — *Correio da Manhã* — Helen Palmer — 9 de setembro de 1960
Tempero que não engorda — *Correio da Manhã* — Helen Palmer — 13 de maio de 1960
Receita de assassinato (de baratas) — *Diário da Noite* — Ilka Soares — 16 de agosto de 1960
Cura das aftas — *Correio da Manhã* — Helen Palmer — 9 de setembro de 1960
Busto pequeno — *Correio da Manhã* — Helen Palmer — 8 de janeiro de 1960

Segredos — 97

Segredos da boa cozinha — *Correio da Manhã* — Helen Palmer — 21 de setembro de 1960
A mulher e o preconceito — *Correio da Manhã* — Helen Palmer — 16 de março de 1960
A origem das saias — *Correio da Manhã* — Helen Palmer — 11 de novembro de 1959
Coisas da vaidade feminina — *Correio da Manhã* — Helen Palmer — 30 de dezembro de 1959

---

28 Texto publicado na seção Nossa Conversa.

A água e a gordura — *Correio da Manhã* — Helen Palmer — 30 de novembro de 1960

A linha das sobrancelhas — *Correio da Manhã* — Helen Palmer — 8 de junho de 1960

E suas mãos?[29] — *Diário da Noite* — Ilka Soares — 25 de julho de 1960

À procura do modelo ideal[30] — *Diário da Noite* — Ilka Soares — 29 de junho de 1960

Cuide bem das suas cortinas — *Diário da Noite* — Ilka Soares — 19 de julho de 1960

Novidade para olhos cansados — *Diário da Noite* — Ilka Soares — 28 de julho de 1960

Falha nas orelhas — *Diário da Noite* — Ilka Soares — 22 de agosto de 1960

Falam as orelhas — *Diário da Noite* — Ilka Soares — 23 de agosto de 1960

Um busto bonito — *Diário da Noite* — Ilka Soares — 10 de janeiro de 1961

Lábios que enfeitam o rosto[31] — *Diário da Noite* — Ilka Soares — 27 de junho de 1960

Adão e as compras — *Correio da Manhã* — Helen Palmer — 17 de dezembro de 1960

"Mãos de fada" — *Comício* — Tereza Quadros — 31 de julho de 1952

Navio dormitório — *Correio da Manhã* — Helen Palmer — 18 de novembro de 1960

Plástico é melhor — *Correio da Manhã* — Helen Palmer — 2 de dezembro de 1959

Presente de rei — *Correio da Manhã* — Helen Palmer — 18 de dezembro de 1959

Falam os homens da volubilidade feminina — *Correio da Manhã* — Helen Palmer — 30 de dezembro de 1959

Vantagens dos brinquedos — *Correio da Manhã* — Helen Palmer — 26 de agosto de 1959

Se você gosta de fazer sanduíches — *Correio da Manhã* — Helen Palmer — 26 de agosto de 1959

Sapatos cômodos — *Correio da Manhã* — Helen Palmer — 2 de setembro de 1959

Estranha prova de amor — *Correio da Manhã* — Helen Palmer — 21 de outubro de 1959

Isto sim, é reconhecer os direitos da mulher! — *Correio da Manhã* — Helen Palmer — 23 de outubro de 1959

Um presente saboroso — *Correio da Manhã* — Helen Palmer — 30 de outubro de 1959

Sorvetes e gelados — *Correio da Manhã* — Helen Palmer — 4 de novembro de 1959

Carne descansada — *Correio da Manhã* — Helen Palmer — 8 de novembro de 1960

Definição — *Correio da Manhã* — Helen Palmer — 18 de novembro de 1960

Lin Yutang escreveu — *Correio da Manhã* — Helen Palmer — 18 de setembro de 1959

Uso inesperado da hortelã-pimenta — *Diário da Noite* — Ilka Soares — 3 de fevereiro de 1961

Arrogância do arranha-céu — *Correio da Manhã* — Helen Palmer — 24 de agosto de 1960

Cuidado com os ovos — *Diário da Noite* — Ilka Soares — 8 de fevereiro de 1961

Boca bonita: sua joia — *Diário da Noite* — Ilka Soares — 9 de fevereiro de 1961

O acessório que renova — *Diário da Noite* — Ilka Soares — 13 de dezembro de 1960

Os cabelos e os penteados modernos[32] — *Diário da Noite* — Ilka Soares — 2 de julho de 1960

A sós — *Correio da Manhã* — Helen Palmer — 10 de junho de 1960

Excesso faz mal — *Correio da Manhã* — Helen Palmer — 14 de outubro de 1960

Ternura — *Correio da Manhã* — Helen Palmer — 31 de dezembro de 1960

Madrugada — *Correio da Manhã* — Helen Palmer — 30 de setembro de 1960

O valor da literatura — *Correio da Manhã* — Helen Palmer — 8 de novembro de 1960

A experiência de Sinatra — *Correio da Manhã* — Helen Palmer — 26 de outubro de 1960

Dormir para ser bela — *Correio da Manhã* — Helen Palmer — 8 de janeiro de 1960

O cachorro-quente através da história — *Correio da Manhã* — Helen Palmer — 10 de fevereiro de 1961

---

29 Texto publicado na seção Nossa Conversa.
30 Texto sem título no original, publicado na seção Nossa Conversa.
31 Texto sem título no original, publicado na seção Nossa Conversa.
32 Sexta aula do "Cursinho sobre cabelos" publicado na seção Aulinhas de Sedução.

Mulheres na vida de Churchill — *Correio da Manhã* — Helen Palmer — 10 de fevereiro de 1961

Duplo crime — *Correio da Manhã* — Helen Palmer — 31 de agosto de 1960

Curiosidade — *Correio da Manhã* — Helen Palmer — 9 de outubro de 1959

Beijo fatal — *Correio da Manhã* — Helen Palmer — 19 de fevereiro de 1960

Costumes que muitos maridos gostariam de adotar — *Correio da Manhã* — Helen Palmer — 1º de abril de 1960

Sedução masculina — *Diário da Noite* — Ilka Soares — 02 de março de 1961

Um rosto doce de mulher[33] — *Diário da Noite* — Ilka Soares — 4 de maio de 1960

Amor versus idade[34] — *Diário da Noite* — Ilka Soares — 8 de setembro de 1960

As romanas[35] — *Diário da Noite* — Ilka Soares — 20 de setembro de 1960

As artistas de cinema[36] — *Diário da Noite* — Ilka Soares — 28 de setembro de 1960

Para quem gosta de bolo — *Comício* — Tereza Quadros — 5 de setembro de 1952

Você quer saber se é bonita em... Roma? — *Comício* — Tereza Quadros — 5 de setembro de 1952

Os inimigos do bronzeamento[37] — *Diário da Noite* — Ilka Soares — 18 de outubro de 1960

Seu pescoço — *Diário da Noite* — Ilka Soares — 17 de janeiro de 1961

... e sobrancelhas — *Diário da Noite* — Ilka Soares — 7 de fevereiro de 1961

O maior jardim botânico... — *Correio da Manhã* — Helen Palmer — 28 de agosto de 1960

Estímulo aos filhos — *Correio da Manhã* — Helen Palmer — 30 de março de 1960

Modelo "contrabando" — *Correio da Manhã* — Helen Palmer — 31 de agosto de 1960

Creme — *Correio da Manhã* — Helen Palmer — 2 de dezembro de 1959

Para amaciar as mãos — *Correio da Manhã* — Helen Palmer — 28 de agosto de 1959

Você sabia... — *Correio da Manhã* — Helen Palmer — 23 de outubro de 1959

As aparências enganam — *Correio da Manhã* — Helen Palmer — 6 de novembro de 1959

Moças de baixa estatura... — *Correio da Manhã* — Helen Palmer — 18 de novembro de 1959

Quando os cabelos não são lavados[38] — *Diário da Noite* — Ilka Soares — 5 de julho de 1960

Rosto novo em alguns instantes — *Comício* — Tereza Quadros — 15 de maio de 1952

O banho — *Correio da Manhã* — Helen Palmer — 14 de dezembro de 1960

A juventude do rosto está... — *Diário da Noite* — Ilka Soares — 20 de fevereiro de 1961

Para meias bonitas, pernas bem tratadas[39] — *Diário da Noite* — Ilka Soares — 2 de junho de 1960

Pose, o segredo das pernas[40] — *Diário da Noite* — Ilka Soares — 23 de maio de 1960

Crianças que patinam em casa — *Comício* — Tereza Quadros — 19 de setembro de 1952

Molho — *Diário da Noite* — Ilka Soares — 9 de agosto de 1960

Mercado de "jeitinhos" — *Diário da Noite* — Ilka Soares — 9 de agosto de 1960

Recursos que rejuvenescem — *Correio da Manhã* — Helen Palmer — 29 de abril de 1960

Tratamento novo para gagos — *Diário da Noite* — Ilka Soares — 10 de agosto de 1960

Um repouso que embeleza — *Diário da Noite* — Ilka Soares — 16 de fevereiro de 1961

Queixo duplo — *Diário da Noite* — Ilka Soares — 2 de janeiro de 1961

Utilidades do sal — *Diário da Noite* — Ilka Soares — 25 de janeiro de 1961

Rugas nas pálpebras — *Diário da Noite* — Ilka Soares — 25 de fevereiro de 1961

---

[33] Texto sem título no original, publicado na seção Nossa Conversa.
[34] Texto publicado na seção Nossa Conversa.
[35] Texto sem título no original, publicado na seção Sempre Mulher através dos Tempos.
[36] Texto sem título no original, publicado na seção Sempre Mulher através dos Tempos.
[37] Segundo capítulo do cursinho "Dourar-se na praia" publicado na seção Aulinhas de Sedução.
[38] Texto da segunda aula do "Cursinho de emergência" sem título publicado na seção Aulinhas de Sedução.
[39] Texto sem título no original, publicado na seção Nossa Conversa.
[40] Texto sem título no original, publicado na seção Nossa Conversa.

Defeitos nas unhas — *Correio da Manhã* — Helen Palmer — 30 de março de 1960

A experiência de Hitchcock — *Correio da Manhã* — Helen Palmer — 14 de setembro de 1960

Importância de uma refeição — *Correio da Manhã* — Helen Palmer — 20 de dezembro de 1960

Uma novidade antiga — *Comício* — Tereza Quadros — 30 de maio de 1952

Olhos pequenos? — *Diário da Noite* — Ilka Soares — 16 de janeiro de 1961

Embelezar cabelos brancos — *Diário da Noite* — Ilka Soares — 8 de fevereiro de 1961

O anel conjugal — *Correio da Manhã* — Helen Palmer — 4 de setembro de 1959

Nós, à mesa — *Diário da Noite* — Ilka Soares — 28 de abril de 1960

Às vezes a solução é dar um jeito — *Diário da Noite* — Ilka Soares — 18 de julho de 1960

O que as unhas dizem... (E o que eu digo) — *Diário da Noite* — Ilka Soares — 10 de maio de 1960

Poros dilatados — *Correio da Manhã* — Helen Palmer — 16 de março de 1960

Os chicletes — *Correio da Manhã* — Helen Palmer — 18 de março de 1960

O vinagre e a pele — *Correio da Manhã* — Helen Palmer — 18 de março de 1960

Alimentos que são remédios... — *Correio da Manhã* — Helen Palmer — 25 de março de 1960

Economizando ovos — *Correio da Manhã* — Helen Palmer — 18 de maio de 1960

Bolo prende-marido — *Correio da Manhã* — Helen Palmer — 6 de fevereiro de 1960

Recipientes — *Correio da Manhã* — Helen Palmer — 16 de setembro de 1960

Manchas — *Correio da Manhã* — Helen Palmer — 21 de setembro de 1960

Sapatos molhados — *Correio da Manhã* — Helen Palmer — 28 de setembro de 1960

Olhos cansados — *Correio da Manhã* — Helen Palmer — 20 de dezembro de 1960

Rosas contra pulgas — *Correio da Manhã* — Helen Palmer — 17 de janeiro de 1960

Picadas de insetos — *Correio da Manhã* — Helen Palmer — 3 de fevereiro de 1960

Sangue... para fortificar o sangue — *Correio da Manhã* — Helen Palmer — 19 de fevereiro de 1960

Fora com as traças! — *Correio da Manhã* — Helen Palmer — 22 de abril de 1960

Seu andar... — *Correio da Manhã* — Helen Palmer — 16 de setembro de 1959

A origem do "banho-maria" — *Correio da Manhã* — Helen Palmer — 18 de setembro de 1959

Mãos mais claras... — *Correio da Manhã* — Helen Palmer — 25 de setembro de 1959

Para os seus nervos — *Correio da Manhã* — Helen Palmer — 9 de outubro de 1959

Se você tomou muito banho de sol... — *Correio da Manhã* — Helen Palmer — 16 de outubro de 1959

Copyright © Clarice Lispector e herdeiros de Clarice Lispector, 2006

Direitos desta edição reservados à
EDITORA ROCCO LTDA.
Av. Presidente Wilson, 231 – 8º andar
20030-021 – Rio de Janeiro, RJ
Tel.: (21) 3525-2000 – Fax: (21) 3525-2001
rocco@rocco.com.br
www.rocco.com.br

Printed in Brazil/Impresso no Brasil

PROJETO GRÁFICO
Izabel Barreto / Mabuya Design

As figuras utilizadas neste livro são partes de fac-símiles
das colunas de jornal de Clarice Lispector

CIP-Brasil. Catalogação na fonte.
Sindicato Nacional dos Editores de Livros, RJ.

L753s

Lispector, Clarice, 1925-1977
    Só para mulheres: conselhos, receitas e segredos / Clarice Lispector; [organização de Aparecida Maria Nunes]. - Rio de Janeiro: Rocco, 2008.

ISBN 978-85-325-2345-7

    1. Mulheres. I. Nunes, Aparecida Maria, 1958-. II. Título.

08-1897   CDD–869.98
                        CDU–821.134.3(81)-8

O texto deste livro obedece às normas do novo
Acordo Ortográfico da Língua Portuguesa

Este livro foi composto em Avance e Dalliance.
Impresso na Intergraf Ind. Gráfica Eireli.
Rua André Rosa Coppini, 90 – São Bernardo do Campo – SP
para a Editora Rocco Ltda..